中国梦
家乡情
Zhongguomeng Jiaxiangqing

王 璟·编著

我爱

江苏

不畫报出版社

U0735121

图书在版编目（CIP）数据

我爱江苏/王璟编著．—济南：山东画报出版社，
2014.2

　（中国梦家乡情丛书）

ISBN 978－7－5474－1199－5

Ⅰ．①我…　Ⅱ．①王…　Ⅲ．①江苏省—概况—青年读
物②江苏省—概况—少年读物　Ⅳ．①K925.3－49

中国版本图书馆 CIP 数据核字（2014）第 029191 号

责任编辑　李新宇
装帧设计　林静文化
主管部门　山东出版集团有限公司
出版发行

　　社　　址　济南市经九路胜利大街 39 号　邮编 250001
　　电　　话　总编室（0531）82098470　（010）61536005
　　　　　　　市场部（0531）82098479　82098476（传真）
　　网　　址　http：//www. hbcbs. com. cn
　　电子信箱　hbcb@ sdpress. com. cn
印　　刷　北京山华苑印刷有限责任公司
规　　格　165 毫米×225 毫米
　　　　　12 印张　40 幅图　112 千字
版　　次　2014 年 3 月第 1 版
印　　次　2014 年 3 月第 1 次印刷
定　　价　23.50 元

序 言 PREFACE

月是故乡明

"中国梦 家乡情"丛书出版了,可喜可贺!

对家乡故土的眷恋可以说是人类共同而永恒的情感,对家乡和祖国充满热爱与牵挂,更是具有深厚文化底蕴和历史积淀的中华民族传统美德。

"乡愁是一枚小小的邮票,我在这头,母亲在那头。"台湾著名诗人余光中的《乡愁》诗曾在海峡两岸同胞心中激起强烈的共鸣。诗人把对亲人、家乡、祖国的思念之情融为一体,表达出远离故乡的游子渴望叶落归根的浓郁而又强烈的家国情怀。纵览历史长河,历代志士仁人留下了多少对家乡魂牵梦萦的不朽诗篇,激励着一代代中华儿女的爱国思乡情怀。李白的"举头望明月,低头思故乡",杜甫的"露从今夜白,月是故乡明",无一不是抒发浓浓的思念故土之情。

民族传统文化是一条奔流不息的长河，从古至今绵延不绝。家乡是一棵枝繁叶茂的大树，守护着我们的生命，铭记着我们的归属。而薪火相传的家乡文化则是一方沃土，拥有着最厚重、最持久、最旺盛的生命力，滋养着一代又一代的青少年茁壮成长。中国有着九百六十万平方公里的土地和辽阔的领海，山河壮丽，幅员辽阔，物华天宝，人杰地灵。不同的地域有着不同的源远流长的家乡文化，辉煌灿烂，博大精深，特色鲜明，各有千秋。

一方水土孕育一方文化，一方文化影响一方经济造就一方社会。在中华大地上，不同地域有着不同的自然地理环境、民俗风情习惯、政治经济情况，形成了各具特色的地域文化。中国是世界上最古老的文明国家之一，有着几千年光辉灿烂的文明历史，行政区划的历史也十分悠久。从公元前688年的春秋时期开始置县，中国的行政区划至今已有2500多年的历史。作为最高一级的行政区划单位，省级行政区域的设立和划分起源于元朝。后来不同朝代和历史时期多有调整，到目前为止，我国共有23个省，5个自治区（自治区是中国少数民族聚居地方实行民族区域自治而建立的相当于省的行政区域），4个直辖市（直辖市是人口比较集中，在政治、经济、文化等方面具有特别重要地位的省级大城市），2个特别行政区（特别行政区与省、自治区、直辖市同属直辖于中央人民政府的地方行政区域）。此外，台湾作为一个省份，也是中国领土不可分割的组成部分。这套丛书即是以省级行政区划为单元分册编写的。

这套丛书以青少年为阅读对象，力求内容准确可靠，详略得当，行文通俗，简洁流畅，注重知识性、趣味性、可读性，让青少年较为系统地了解家乡的自然环境、山川河流、资源物产、悠久历史、杰出人物、文化遗产、民俗风情、名胜古迹、经济建设等方面的情况，感受祖国各地的家乡之美。通过这些文化元素的熏陶，培养青少年对祖国和家乡的朴素感情，引导青少年热爱生于斯、长于斯的这片沃土，陶冶情趣，铸造性情。希望广大青少年认真阅读，汲取这套家乡文化读本中的精华，进而树立热爱家乡、热爱祖国的决心和信念，为建设家乡、建设祖国贡献力量。

（原新闻出版总署署长）

2014 年 2 月 6 日

目 录 CONTENT

第六章　名家辈出　各领风骚

名家辈出　各领风骚

第一章

鱼米之乡　人间天堂

　　江苏省地处中国大陆沿海中部和长江、淮河下游，是长江三角洲地区的重要组成部分。境内气候温和，地势平坦，土地肥沃，物产丰富，水网密布，海陆相邻。江苏历史悠久，文化多元，人文荟萃，是全国历史文化名城最多的省份。"江苏"名称是在清康熙时组建江苏省时取区域南部两个府即江宁府（今南京市）之"江"字和苏州府之"苏"字合成省名。江苏省的简称"苏"的繁体字"蘇"就很形象地诠释了江苏的含义，"蘇"由草、水、鱼、禾四字组成，象征着江苏自古就 是鱼米之乡。

∧ 江苏风光

第一节 自然环境

　　江苏地处美丽富饶的长江三角洲，地形以平原为主，主要有苏南平原、江淮平原、黄淮平原和东部滨海平原组成。其地形地势低平，河湖众多，平原面积比率之高，水面面积比率之大，低山丘陵岗地面积比率之小，在全国各省、市、自治区中均居首位，这成为江苏一大地理优势。此外，绵延近 1000 公里的海岸线拥抱着约 980 万亩的滩涂。

一、地貌概况

　　江苏地处江淮平原，除北部边缘、西南边缘为丘陵山地，地势较高外，地形以平原为主，自北而南为黄淮平原、江淮平原、滨海平原、长江三角

江苏的平原风光 >

鱼米之乡　人间天堂

洲所共同组成的坦荡大平原。全省平原面积 7.06 万平方公里，约占总面积的 69%；水域面积 1.73 万平方公里，约占 17%；丘陵山地面积 1.47 万平方公里，约占 14%。

江苏地形地势低平，跨江滨海，平原辽阔，水网密布，湖泊众多，成为江苏一大地理特点。全省海岸线 954 公里，长江横穿东西 425 公里，京杭大运河纵贯南北 718 公里。有淮河、沂河、沭河、泗河、秦淮河、苏北灌溉总渠等大小河道 2900 多条，有太湖、洪泽湖、骆马湖湖泊近 300 个，水库、塘、坝 1100 多座，水面积是全国所占比重最大的省（区）。全省河流除长江、淮河外，大都是流域范围小流量不大的中、小型河流。按水道系统，全省主要河流和湖泊可划分为泗、沂、沭水系，淮河水系，长江和太湖水系三大系统。

江苏是全国地势最低的一个省（区），绝大部分地区在海拔 50 米以下，低山丘陵集中在北部和西南部，主要有老山山脉、云台山脉、宁镇山脉、茅山山脉、宜溧山脉。连云港的市郊云台山玉女峰为全省最高峰，海拔 625 米。江苏第二高山为宜兴市张渚镇岭下村黄塔顶，最高峰海拔 611.5 米。

< 连云港玉女峰

二、气候宜人

江苏基本以淮河为界，属亚热带和暖温带地区，气候温和，雨量适中，具有寒暑变化显著、四季分明的特征，全省年平均气温为13℃~16℃，由东北向西南逐渐增高，淮北及沿海13℃~14℃，江淮流域14℃~15℃，江南15℃~16℃。春季升温西部快于东部，东西相差4~7天；秋季降温中慢于北部，南北相差3~6天。1月份为最冷月，平均气温-1.0℃~3.3℃；7月份为最热月，沿海部分地区和里下河腹地最热月在8月份，平均气温26℃~28.8℃。

全年日照时数（绝对日照）平均为2000~2600小时，≥0℃的日照时数平均为1800~2240小时；日照百分率（相对日照）介于48%~59%之间。全省各地日照时数以夏季最多，冬季最少，各占全年的29.0%~32.8%、20.1%~21.3%。由于受季风气候影响，江苏降水充沛，年降水量724~1210毫米，但地区差异明显，东部多于西部，南部多于北部，全省年蒸发力为900~1050毫米，因受海洋潮湿气流影响，蒸发力明显自东向西递增。全省年平均风速为3.5米/秒，江苏灾害气象主要有干旱、雨涝、热带风暴（台风）、霜冻、冰雹等。

三、资源丰富

1. 土地资源

目前，江苏省耕地面积7353万亩，占全国的3.97%，人均占有耕地0.99亩。沿海滩涂890多万亩，是重要的土地后备资源。江苏农业生产条件得天独厚，农作物、林木、畜禽种类繁多。粮食、棉花、油料等农作物几乎遍布全省。种植利用的林果、茶桑、花卉等品种260多个,蔬菜80多个种类、1000多个品种,江苏蚕桑闻名全国,名茶有碧螺春等。

2. 水资源

江苏的水资源十分丰富,境内降雨年径流深在150～400毫米之间。地处长江、淮河、沂河、沭河、泗河五大河流下游,长江横穿本省南部,有太湖、洪泽湖、高宝湖、骆马湖等大中型湖泊,以及大运河、淮沭河、串场河、盐河、通榆运河、灌溉总渠和通扬运河等各支河,河渠纵横,水网稠密。此外,地下水源也十分丰富。全省地下水总量对农灌具有开采意义的是徐淮浅层水,约29.57亿立方米/年,而供垦区及海涂开发、人畜饮用的沿海深层地下水5.85亿立方米/年。

3. 生物资源

江苏东临黄海,海岸线长1040公里,海水可养殖面积139千公顷。地处长江、淮河、沂河、沭河、泗河等河流下游,湖库河塘沟密布,水域面积大,类型多,有着便利的海洋渔业和内陆渔业,水产资源丰富。内陆水面2600多万亩,养殖面积1200万亩,有淡水鱼类140余种,经济鱼类30～40种,主要是鲤鱼、鲫鱼、黄鳝等。有近海鱼类150多种,其中多获性鱼类在25种以上,主要是黄鱼、银鲳、带鱼等,还盛产虾类、蟹类及贝藻类等水产品,内陆水域和沿海滩涂有丰富的贝类资源。全省野生动物资源为数较少,鸟类主要是野鸡、野鸭,沿海有丹顶鹤、白鹤、天鹅等珍稀飞禽。植物资源非常丰富,有850多种,尚有可利用和开发前途的野生植物资源600多种。

4. 矿产资源

全省地跨华北地台和扬子准台两大地质构造单元,矿产丰富,主要有煤炭、石油和天然气。非金属矿产有硫、磷、钠盐、水晶、蓝晶石、宝石、金刚石、高岭土、石灰石、石英砂、大理石、陶瓷粘土等,金属矿产有铁、铜、铅、锌、银、金等。建材类矿产、化工原料矿产、冶金辅助原料矿产和特种用途矿产是江苏矿产资料的特色和优势。目前已发现的矿产品种有

133 种，已探明储量的 65 种，其中建材、粘土等 34 种单矿储量列全国前十位，钽铌矿、方解石、泥灰石、凹凸棒石粘土、二氧化碳气等八种矿产保有储量列全国第一位。

第二节　历史沿革

江苏具有悠久的历史。据《禹贡》、《尔雅》、《职方》等古籍记载，江苏在上古是九州中徐、扬二州的一部分。春秋时期，分属吴、楚、宋、鲁等国；战国时期分属越、楚、齐等国；秦汉时属九江、会稽、东海、下邳、彭城、广陵等郡；三国时期，苏南属吴，苏北属魏；唐代，大部属江南东道和淮南道；宋代，置江南东路、两浙西路和淮南东路；元代属江东建康道、江南浙西道、淮东江北道；明代，境内各府和直隶州直属中央，称为"直隶"，后改南直隶；清代改江南省，后分设江苏省，为江苏得名的开始；民国仍之；新中国成立后，分设苏北行署和苏南行署，后合并恢复江苏省，省名至今未变。

一、远古至春秋战国时期

在上古时代，江苏远离华夏文明的中心，是古代民族淮夷的家乡。周朝时与中原文明接触增多，在江苏南部兴起了吴国，是周朝的几百个诸侯国之一。春秋末期，吴国在吴王阖闾在位时成为强国，在公元前 484 年击败位于今天山东的北方强国齐国，称霸中原。公元前 473 年，吴国被位于今天浙江东部的越国所灭。春秋时期，江苏分属吴、宋等国，战国时期为楚、

四部叢刊初編史部

吴越春秋

<《吴越春秋》书影

越、齐等国的一部分。

二、秦汉魏晋南北朝

秦始皇统一中国以后，江苏分属九江郡、会稽郡、东海郡。西汉时分属下邳郡、彭城郡、广陵郡、丹阳郡和吴郡。

在中国的第一个黄金时代——汉朝，江苏仍然是一个远离平原文明中心的邻水之地。当时江苏属于两个州——北部的徐州和南部的扬州。三国时期，苏南属吴，苏北归魏，南京当时为"建业"，是吴国国都。317年，西晋被北方游牧民族灭亡，汉族贵族逃亡到江南，在建康（今南京）先后建立起东晋和随后的南朝四个朝代——宋、齐、梁、陈。江苏北部则成为南北进行拉锯战的场所，时而属于南朝，时而又属于北朝。

三、隋唐时期

589年，隋朝灭陈，重新统一南北。隋炀帝时完成了贯通南北的大运河。但隋炀帝也由于修建这一庞大工程招来强烈反对，最终在江都（今扬州）为叛军所害。开皇年间在江苏分设苏州、扬州、徐州。大业年间改为吴、毗陵、丹阳、江都、下邳、彭城、东海诸郡。

江苏在唐朝分属江南、淮南、河南三道。由于处于大运河与长江交界处的的枢纽地位，以及对外开放港口的国际化优势，扬州成为中国最繁华的商业城市，时有"扬一益二"之称。

四、宋元时期

宋朝时，随着社会经济的迅速发展和富裕商人阶层的崛起，苏州和扬州等主要城市成为新兴商业中心，成为富裕和奢侈的代名词。今天江苏南部仍然是中国最富裕的地区之一。宋朝在江苏置江南东路、两浙西路和淮南东路。1127年，女真人征服了华北，流经江苏北部的淮河成为北方的金和南方的南宋的边界线。从此以后，江苏南北出现明显经济差距，文化差异也被强化。

13世纪，蒙古人以其强大的军事力量横扫亚欧大陆，打破了中国南北对峙的局面，蒙元铁骑渡江南下，灭亡了南宋，统一了中国。元朝时，苏北属河南江北行省，苏南属江浙行省。

鱼米之乡　人间天堂

五、明朝

　　1368 年，朱元璋建立明朝，赶走了占据中原的蒙古人，起初定都南京，改元朝"集庆路"（南京）为"京师"，建应天府。今天整个江苏省和安徽省的各府和直隶州直属中央，称为"直隶"，后改称"南直隶"。在后来的江苏省境内共设有七个府，其中位于江南的有五个：应天府（南京）、苏州府、松江府、常州府和镇江府；位于江北的有两个：扬州府和淮安府。

< 明成祖像

 我爱江苏

1421 年，明成祖朱棣迁都北京。此后南北两京和两直隶并立 200 多年，江苏，特别是其南部苏州等地，主要由于其繁荣的纺织工业继续成为全国的经济中心，是当时中国工业化和城市化程度最高的地方。

六、清朝

1645 年，清朝军队攻占扬州和南京，俘虏南明弘光皇帝，随即将南直隶改为江南省。清军曾在扬州、江阴和嘉定等地遭到激烈的抵抗，发生了"扬州十日"等惨剧。1667 年，由于江南省规模过大，分设江苏省和安徽省，江苏省名取自当时全省最大的两个城府"江宁府"的"江"和"苏州府"的"苏"，为江苏命名之始。当时江苏省（巡抚衙门驻苏州）辖江宁府（今南京）、苏州府、淮安府、扬州府、徐州府、通州府、常州府、镇江府、松江府（今上海），其范围大致与现在相同。

七、近现代时期

19 世纪 40 年代，江苏开始受到西方的影响，江苏东南部原来一个不知名的小城市上海被辟为通商口岸，并设立上海公共租界和上海法租界，此后迅速发展成贸易、金融和国际化的大都会。上海于 1927 年终于正式脱离江苏。镇江和苏州也设立过规模较小的租界。晚清时期，轰轰烈烈的太平天国起义席卷江苏南部，太平天国政权还于 1853 年定都南京，改名"天京"，影响中国达十余年之久。

中华民国成立于 1912 年，最初几个月的首都是在南京。是年废清朝的府、州、厅制，分辖全省为 60 个县。1916 年，袁世凯去世后全国陷入军阀割据状态,江苏也更换了几次主人,北伐战争前夕是孙传芳。这一时期,江苏的民族工商业迅速崛起,无锡、南通和常州的纺织工业得到较大发展。1927年,国民党政府定都南京,同年将南京城区、上海城区改为"特别市"。

1949年4月23日,中国人民解放军横渡长江,南京解放。6月2日,江苏全境解放。中华人民共和国成立后,江苏省曾分设苏北行署、苏南行署和南京市人民政府。1952年11月,两署一市合并,成立江苏省人民政府。自1983年起实行市管县的行政体制。现设南京、苏州、无锡、

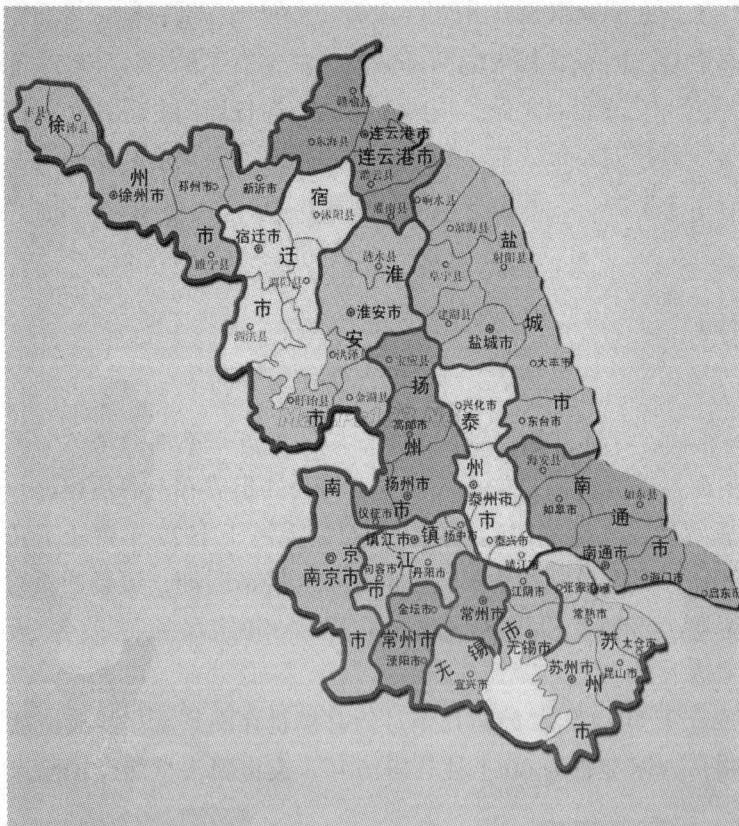

< 江苏行政区划

我爱江苏

常州、南通、扬州、镇江、连云港、徐州、盐城、淮阴、泰州、宿迁 13 个省辖市。

第三节　河湖纵横

　　江苏跨江滨海，河湖众多，水网密布，素有"水乡江苏"之称。全省大部分地区水系相当发达，共有大小河流和人工河道近 3000 条，陆域水面面积达 1.73 万平方公里，水面所占比例之大，在全国各省中居首位。长江以南的太湖平原和长江以北的里下河平原，大大小小的河流形成蛛网状，分布极为稠密，为大面积的水网密集地带。在江苏省境内，长江的支流有江苏省西南部的秦淮河，在南京市汇入长江。另外，境内有太湖、洪泽湖、云龙湖、高宝湖、骆马湖等大中型湖泊，以及大运河、淮沭河、串场河、灌河、盐河、通榆运河、灌溉总渠和通扬运河等各支河，河渠纵横，水网稠密。

一、长江

　　长江作为亚洲第一大河，其流域面积、长度、水量都据亚洲首位。它发源于青藏高原唐古拉山的主峰各拉丹冬雪山，从西到东约 3219 公里，由北至南约 966 公里，是世界第三长河，仅次于非洲的尼罗河与南美洲的亚马逊河，水量也是世界第三。总面积 1808500 平方公里，约占全国土地总面积的五分之一。长江和黄河一起并称为中华民族的"母亲河"。

长江是流经江苏最大的河流,呈东西向横穿江苏,省境内长度425公里,河流面积3.9万平方公里,将江苏省分割为南北两部分。而扬州以下的部分又称"扬子江"。

< 长江

知识小百科

扬子江

扬子江,从江苏省扬州以下至入海口的长江下游河段的旧称。江阔水深浪大,受潮汐影响比较强烈。从江苏镇江开始,长江进入三角洲河段,其中江阴以下为河口段,江面不断扩张成喇叭状。南通附近江面宽约18公里,长江口从北面的启东嘴到南面的南汇嘴宽达91公里。

扬子江因古有扬子津渡口而得名。隋唐年间，扬州城南二十里许，有一个名叫扬子的小镇。因地临长江北岸，故又名"扬子津"。史书记载："隋开皇十年，杨素帅舟师自扬子津入，破贼帅朱莫问于京口。"扬子江原本只是指长江较下游的部分，但由于这是西方传教士最先听到的名字，"扬子江"（the Yangtze River）在外语中也就代表了整个长江。

扬子江落日 >

二、淮河

淮河是中国长江和黄河之间的大河，发源于河南省南部的桐柏县与湖北省随州市的淮河镇的交界处，全长1000公里，流域面积187000平方公里，地跨河南、安徽、江苏、山东及湖北五省。江苏境内的淮河地处下游，地势低洼，大小湖泊星罗棋布，水网交错，渠道纵横。

历史上的淮河是一条从云梯关独流入海的河流，河道宽阔，水流通畅。沂河、沭河、泗河都是淮河的下游支流。受黄河侵淮夺淮的影响，地形和

鱼米之乡　人间天堂

水系发生了很大变化，古济河、钜野泽和梁山泊已消失；河床普遍淤高，且留下了废黄河河床；形成新的湖泊，如洪泽湖、南四湖和骆马湖。

三、"黄金水道"：京杭大运河

京杭大运河从开凿到现在已有2500多年的历史，北起北京，南到杭州，途经北京、天津两市及河北、山东、江苏、浙江四省，沟通了海河、黄河、淮河、长江、钱塘江五大水系，全长约1794公里，是世界上里程最长、工程最大、最古老的运河之一。京杭大运河纵贯南北，是中国重要的一条"黄金水道"，不仅便利了南北大量物资的运输交换，而且对中国南北地

∧ 江苏境内的京杭大运河

区之间的经济、文化发展与交流，特别是对沿线地区经济的发展和城镇的兴起均起了巨大作用。

　　江苏境内的京杭大运河全长 628 公里，现在对苏北、苏南运河进行了整治扩建，扩建了京杭运河上的谏壁、解台两座二线船闸和淮阴、淮安、宿迁三座三线船闸，消除了京杭运河江苏段的"瓶颈"制约，实现了京杭运河苏南、苏北全线畅通，为江苏及华东地区提供了一条南北水上快速交通大动脉。

四、太湖：三万六千顷，周围八百里

　　太湖是长江中下游吴地的心脏，是我国的四大淡水湖之一。太湖古称"震泽"，又名"具区"，水域面积 2000 平方公里，素有"三万六千顷"之说。湖中有大小岛屿 50 多个，连同沿湖半岛山峰，被誉为"七十二峰"。

知识小百科

学说争论

　　人们对太湖的形成有着不同的认识和争议。主要有构造成湖论、泻湖成因说、陨石冲击坑说等。构造成湖论认为，太湖平原原是一个大的海湾，以后不断被水和沉积物所填充，演化成现在的湖泊。泻湖成因说认为，太湖平原原是一个大的海湾，曾受到广泛的海侵，以后随海水退却形成封闭的湖泊。陨石冲击坑说认为，距今5000 万年前，一颗巨大的陨石从东北侧方向撞击地面，造成相当于 1000 万颗广岛原子弹爆炸的巨大冲击，留下了 2300 多平方公里的陨石坑，即现在的太湖。

鱼米之乡　人间天堂

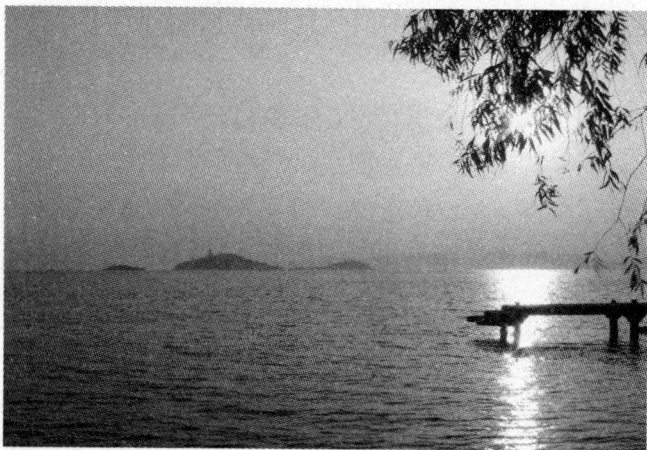

<太湖夕照

太湖是中国著名的风景名胜区,湖光山色,相映生辉,其有不带雕琢的自然美,有"太湖天下秀"之称。此外,整个太湖水系共有大小湖泊180多个,连同进出湖泊的大小河道组成了密集的水系,对航运、灌溉和调节河湖水位都十分有利。

知识小百科

洞庭山

洞庭山位于太湖东南部,由洞庭东山与洞庭西山组成。东山是伸入太湖之中的一座半岛,上面有洞山与庭山,故称"洞庭东山"。东山最负盛名的是我国十大名茶之一的碧螺春茶。西山,古称"包山",是太湖里最大的岛屿,因位于东山的西面,故称"西山"。西山四季分明,气候宜人,山清水秀,风光秀丽。西山景区是太湖风景名胜区的精华。它是以群岛风光、花果丛林、名胜古迹见长,以游览、度假为主的湖岛区。它拥有湖中群岛、湖湾山水、山中坞谷、山顶峰峦四个风景层次。

太湖地区气候温和湿润，水网稠密，土壤肥沃，是我国重要的商品粮基地和三大桑蚕基地之一，特产丰饶，自古以来就是闻名遐迩的鱼米之乡。太湖水产丰富，盛产鱼虾，素有"太湖八百里，鱼虾捉不尽"的说法。其中银鱼、白鱼、白虾合称"太湖三白"，银鱼、梅鲚和白虾并称为"太湖三宝"，驰誉中外。

五、洪泽湖

洪泽湖是中国第四大淡水湖，在江苏省西部淮河下游，是一个浅水型湖泊，水深一般在 4 米以内，最大水深 5.5 米。洪泽湖的湖底海拔 10.5 米，它东部的里下河平原平均海拔小于 9 米，因此洪泽湖是典型的"地上湖"。它高悬于苏北大地之上，是我国著名的"悬湖"。

知识小百科

悬湖的成因

洪泽湖之所以成为"悬湖"是古黄河侵占淮河入海通道所致。南宋建炎二年(1128)，黄河决堤南侵，夺了淮河水道。汹涌的黄河水带来大量泥沙沉积于淮河，使淮河逐渐水流不畅。南宋绍熙五年(1194)黄河再次夺淮下游河道入海，使淮河更加宣泄不畅。于是，上中游流下来的水最后在盱眙以东滞留，很快成为水面宽大的洪泽湖。

洪泽湖形成后，淮河上中游水来到这里流速顿时慢下来，输沙能力更弱，因此大量泥沙沉于湖底，使湖底日益升高，湖周围的人们只得不断加高加固大堤以防洪水。就这样，洪泽湖的大堤加高到了 16 米的高度，而湖底高度也在海拔 10.5 米上，成为不折不扣的"悬湖"。

第四节　经济文化

和古老的黄河流域一样，江苏也是中华民族诞生的摇篮之一，这里是中国吴文化和汉文化的发祥地。江苏是历史上许多朝代的地域政治文化中心，社会经济发达，历史悠久，文化遗产极为丰厚。

一、经济重心

公元 3 ~ 6 世纪，南京成为中国南方经济文化中心。公元 7 ~ 10 世纪以后，全国经济重心南移，有所谓"天下大计，仰于东南"的说法，扬州成为南北交往要冲的城市。公元 14 ~ 17 世纪中叶以后，苏州成为全国最繁华的工商业都会和文化中心，南京、苏州等地成为我国资本主义萌芽的发祥地。19 世纪末叶，丝织、缫丝、纺织、面粉、采煤等近代工业，在无锡、苏州、常州等地陆续兴起，苏州的丝织业，更是享有世界盛誉。此后，江苏的经济、社会发展在中国一直名列前茅。

而今，江苏又走在改革开放的前列，自 1978 年以来，江苏经济年均增长 16%，在这片仅占全国 1% 的土地上，创造着约占全国十分之一的 GDP 总量。

江苏的工业发达，轻工业、重工业门类齐全，技术先进。主要工业有机械、电子、电力、石化、纺织、食品、建材、造纸等。南京、无锡、苏州、常州、南通为主要工业中心，其中纺织和丝绸工业居全国首位。

我爱江苏

机械、电子、石化、汽车正在成为江苏省新的支柱产业。以中小型企业为主的格局正在改变，工业产品品种结构不断优化，产品质量的整体水平都有所提高。

江苏还是我国农业发达的省区之一，素有"鱼米之乡"之称，全省共有耕地面积4448.3千公顷。水田约占60%，旱地约占40%。粮食作物以水稻、麦类为主，苏北地区还产玉米、高粱等粮食作物。经济作物有棉花、花生、油菜、黄麻、蚕桑等。

二、文化昌盛

远古时代起，在江苏这土地上就有人类劳动、生息、繁衍。考古发现表明，在距今四五十万年以前，江苏境内就生活着丹徒"高资猿人"；在距今四万至一万年前，江苏境内有"泗洪下草湾人"、"丹徒人"、"溧

∧连云港将军崖岩画

　　　　　　　　　　　　　　　鱼米之乡　人间天堂

水人"、"宜兴人"等远古居民。旧石器时代的人类活动遗址或遗迹也不少，如连云港桃花涧、丹徒莲花洞、连云港马陵山区、东海大贤庄、溧水神仙洞、吴县三山岛等。新石器时代的文化遗址为数更多，有一百八九十处。距今六七千年前，北自淮河流域，南至太湖的广大区域，分布着许多原始的氏族部落。从淮安青莲岗文化遗址中发现的炭化小米，草鞋山文化遗址中发现的野生葛纤维织成的罗纹葛布线片以及"杆栏式"房屋建筑遗存，还有昆山千墩、吴县张陵山文化遗址出土的大批史前玉器琮璧文化来看，当时江苏境内古人类创造的文化就已令人惊叹不已。

夏、商、周三代，淮河流域的古徐国，历时千余年，创造了灿烂的徐文化，形成了淳朴的徐国民风。春秋战国时期，长江流域的吴国也崛起于蛮荒之地，以其精湛的青铜冶炼技术和农业文明，创造了辉煌的吴文化。吴王寿幼子季札具有高深的文化素养，受到中原诸侯的尊重。孔子七十二个得意弟子中，吴人言偃以文学著称，有"南方夫子"之誉。被后世奉为兵家经典著作的《孙子兵法》，是齐人孙武隐居吴国时写成的。秦汉之际，"浪漫、飘逸、威猛、诡谲"的楚文化和"粗犷、雄浑、博大、超越"的汉文化继之而起，注入江苏的文化血脉。刘邦、项羽、萧何、韩信等人们耳熟能详的帝王将相，演绎了楚汉相争的历史风云大戏。

从三国魏晋时期起，江苏逐渐成为经济文化中心。兴旺发达的社会经济孕育出灿烂的文化艺术，江苏大地上人文荟萃，名家辈出，涌现出华佗、葛洪、陶弘景、祖冲之、沈括、黄道婆、徐光启等杰出的科学家、技术家、发明家；顾恺之、黄公望、唐寅、祝允明、郑燮等书画名家；枚乘、陈琳、萧统、范成大、施耐庵、吴承恩、冯梦龙等文学巨匠；地理学家顾祖禹、徐霞客；史学家刘知几、赵翼；音韵训诂学家王念孙、王引之、钱大昕等。许多文人学士从江苏汲取了艺术养分，留下了许多不朽的佳作名篇。明清时期，江苏经济繁荣，文化昌盛，教育事业十分发达，读书风气极为浓厚，反映在科举考试中，江苏士子成绩突出，清代科举考试共出112个状元，江苏占了49人，状元人数为全国各省之冠。

五、交通便利

江苏是中国交通运输便利的省区之一，长江航线和京沪铁路干线在南京交汇，内河航运密如蛛网，航空线路发展十分迅速。现在江苏省以公路、铁路为主骨架，以长江、大运河、沿海为主通道，以中心港为枢纽，各种运输方式互相衔接，功能较完备的综合运输体系已初步形成。

1.铁路

江苏铁路交通发达，京沪铁路、陇海铁路两条铁路干线经过境内，京沪高速铁路贯穿江苏，成为新的铁路交通大动脉。此外，还有新长铁路、宁芜铁路、宁启铁路、宁连铁路等，南京、徐州为铁路枢纽，联系南北各地。

< 南京禄口机场

鱼米之乡　人间天堂

京沪铁路南京至上海段为中国最繁忙的铁路之一，高峰时段平均每五分钟就有列车通过。

2. 公路

江苏拥有公路27331公里，其中高速公路401公里，等级公路25610公里，一级公路1942公里，全省99%的乡镇和90%的村通有公路。

3. 水运

江苏是全国著名的舟楫之乡，在古代水运交通就比较发达，京杭大运河横穿境内。现拥有内河航道23908公里，其中等级航道6329公里，均位居全国第一。拥有众多内河港口码头泊位、客运站点。沿海和沿江设有南京、镇江、张家港、南通、连云港、扬州、高港、江阴、常熟、太仓等一类开放港口，港口年吞吐量超过3亿吨。

4. 航空

江苏通航机场有9个：南京禄口国际机场、无锡机场、苏州光福机场、常州奔牛机场、南通兴东机场、盐城机场、徐州观音机场、连云港白塔埠机场、如皋机场。通航航线62条，每周出港航班316个，连接着全国36个城市和沿海开放地区。

第二章

物产佳饶　驰名中外

　　每逢金风送爽、菊花盛开之时，正是金爪蟹上市的旺季。俗语说："秋风起，蟹脚痒，九月圆脐十月尖。"九月要食雌蟹，这时雌蟹黄满肉厚；十月要吃雄蟹，这时雄蟹蟹脐呈尖形，膏足肉坚。自古以来，阳澄湖大闸蟹令无数食客为之倾倒。唐代诗人李白曾赞道："蟹螯即金液，糟丘是蓬莱。且须饮美酒，乘月醉高台。"

∧ 碧螺春产地——洞庭山

第一节 "长江三鲜"

自古以来，长江流域产的鲥鱼、刀鱼和河豚鱼被称为"长江三鲜"。三者肉质细嫩，味道鲜美，历来难分上下，为不少文人名士所称颂，是长江水域顶级水产品的代表。

一、鲥鱼

鲥鱼俗称"迟鱼"，属辐鳍鱼纲鲱形目鲱科鲥属，为中国珍稀名贵经济鱼类。鲥鱼产于长江下游，以当涂至采石一带横江鲥鱼最为佳美，是江南水中珍品。鲥鱼体扁而长，色白如银，肉质鲜嫩，被列为我国"鲥、甲（中华鲟）、鲳、黄"四大名鱼之首。鲥鱼自古为贡品，银鳞细骨，被比作"鱼中西施"、"南国绝色之佳"。

鲥鱼之名来自其洄游的习性，每年 5～6 月由沿海溯江而上，产卵繁殖，年年如此，于是被唤作"时鱼"，后将"时"字江上鱼旁改为"鲥"字。然而近年来，长江水生物种频频告急，继扬子鳄、中华鲟、白鳍豚、胭脂鱼之后，长江鲥鱼又发生危机。1988 年，鲥鱼被列入中国国家重点保护野生动物名录中第一级的保护物种。

鲥鱼的鲜美之处在于鱼鳞下富含脂肪，故烹调加工时不去鳞，带鳞清蒸，保持真味，以增加鱼体的清香。鲥鱼营养价值极高，体内含有蛋白质、脂肪、铁、钙、磷等多种营养，几乎居鱼类之首。古代大户人家考验新嫁

<鲥鱼

女子的厨艺，会取一条鲥鱼让她烹饪，看她如何处理鱼鳞，去鱼鳞者厨艺平平，留鱼鳞者方为内行。相传古时有一个女子在烧鲥鱼前先取下鱼鳞，举家嗤之以鼻，不料随后她却将鱼鳞以丝线串起，盘在鱼身上再做烹饪，成菜后将整串鱼鳞献给一家之长，于是举家又刮目相看。

二、刀鱼

刀鱼，也称"刀鲚"，其体型狭长而薄，全身呈银白色，颇似尖刀而得名，是长江水产的三大珍品之一。刀鱼每年洄游，在靖江水域集群补充体力，因此这里的刀鱼特别味美，自古有"刀鱼之乡"的美誉。长江刀鱼味鲜、肉嫩，营养价值很高，故镇江一带素有"春有刀鲚夏有鲥"之说。

不过近年来，长江刀鱼已见灭绝之态。综合众多专家分析，造成刀鱼目前状况的原因众多。这其中既有长江口网具密集、过度捕捞等人为原因，也有生态环境变化的的因素。水污染、热发电都在破坏长江生态，特别是无毒的含氮污水排放，直接导致了长江水的富营养化，江水中的苔藓滋生就是富营养化的表现。富营养化带来的后果，直接导致刀鱼产卵地遭破坏，一系列生态链因此受到打击。

我爱江苏

三、河豚鱼

河豚鱼又名"气泡鱼",也叫"鲀鱼"、"气泡鱼"、"辣头鱼"。河豚鱼体形长、圆,头比较方、扁,鳃小不明显,肚腹为黄白色,背腹有小白刺。河豚游得很慢。这是因为河豚身体后半部不具有游泳肌肉,只好利用左右摇摆的背鳍和尾鳍划水。河豚的牙齿融合成一个喙,上下腭的牙齿用来咬碎软体动物。河豚一旦受到威挟,就会吞下水或空气使身体膨胀成多刺的圆球,天敌很难下嘴。

河豚鱼肉虽然鲜美,但如果处理不当或者食用过多也会有生命危险。

∧ 河豚

物产佳饶 驰名中外

因为河豚中含有一种神经毒素，其毒性比氰化钾要高近千倍。品味河豚要冒着生命风险，然则因为河豚的滋味非常鲜美，自古就有着"食得一口河豚肉，从此不闻天下鱼"的说法。所以，古往今来，照样有很多贪食的人拼死吃河豚。其实，河豚的肌肉中并不含毒素。河豚最毒的局部是卵巢、肝脏，其次是肾脏、血液、眼、鳃和皮肤。不过，现在人们对于河豚的处理、烹饪技术已经纯熟，完全达到了让人放心的程度。要说河豚身上最美味的地方，当属鱼白。河豚的鱼白呈乳胶状，颜色洁白，烹饪后入口即化，鲜美绝伦。

第二节 "太湖三白"

< 太湖三白

"太湖三白"是指太湖的三种河鲜类特产——白鱼、银鱼和白虾，是江苏省苏州市和无锡市地方著名系列菜"太湖船菜"的招牌食材，由于其色泽均呈白色，因而称为"太湖三白"。

一、银鱼

　　银鱼是一种小型鱼类，身体细长、光滑、半透明，头平扁；口大，两颌和口盖常具有锐牙；背鳍和脂鳍各一个；雄鱼臀鳍上方具有一纵行扩大鳞片。银鱼原为海鱼，后定居在太湖繁衍。太湖银鱼长二寸余，体长略圆，形如玉簪，似无骨无肠，细嫩透明，色泽似银，故称"银鱼"。春秋时期，太湖就盛产银鱼，宋人有"春后银鱼霜下鲈"的名句。银鱼肉质细嫩，营养丰富，无鳞、无刺、无腥味，可烹制各种佳肴，深受国内外消费者的喜爱。

　　银鱼营养丰富，据分析，银鱼含有丰富的蛋白质、碳水化合物、钙、磷、铁、维生素 B1、维生素 B2 等多种营养成分，其中蛋白质含量达 72%，是所有鱼类中最高的，不愧为鱼中珍品，所以人们都叫它"鱼参"。

二、白鱼

　　太湖白鱼亦称"鲦"，因"头尾俱向上"而得名，体狭长侧扁，细骨细鳞，银光闪烁，是食肉性经济鱼类之一。目前尚未养殖，主要依靠天然捕捞。白鱼肉质细嫩，鳞下脂肪多，酷似鲥鱼，是太湖名贵鱼类。一年四季均可捕获，在夏季生殖产卵期捕捞产量最高。

　　太湖白鱼又称"太湖银刀"，这名字的由来还有一个动人的传说。相传明朝末年，清兵打入太湖，太湖渔民张三带领一帮人与南下的清兵在太湖一带激战。一次，张三在湖上与清兵作战时，手臂中箭，手中大刀掉入湖中。他忍住剧痛，弯腰从湖中拾起一把银刀，向清兵杀去，清兵惊叹于他的神勇，纷纷落荒而逃。张三再一瞧手中，原来是一条银光闪烁的白鱼，于是"银刀"这个名字就叫开了。

三、白虾

白虾生长在太湖开阔的水域，属淡水虾类。体色透明，头部有须，胸部有爪，两眼突出，尾成叉形。太湖白虾亦称"脊尾白虾"，壳薄、肉嫩、味鲜美，素有"太湖白虾甲天下"之说。太湖白虾多为生活在水草丰盛、风平浪静的浅滩处。通常农历六七月间是吃虾的时令。白虾营养价值高，含有丰富的蛋白质、维生素和多种微量元素。太湖白虾做的"醉虾"堪称一绝，虾还在蹦跳，但吃在嘴里，奇嫩异常，鲜美无比。此外，白虾剥虾仁出肉率高，还可加工成虾干。虾还可入药，内服有解毒之功能，酒后喝一碗虾米汤，顿觉肠胃舒适，美味不尽。

第三节　阳澄湖大闸蟹

阳澄湖湖面开阔，是大闸蟹生长的理想之地。阳澄湖大闸蟹又名"金爪蟹"，蟹身不沾泥，俗称"清水大蟹"，体大膘肥，十肢矫健，青壳白肚，金爪黄毛，肉质膏腻。

阳澄湖大闸蟹 >

一、蟹中之冠

阳澄湖蟹历来被称为"蟹中之冠"，这与阳澄湖的特殊生态环境有关。水域百里方圆，碧波荡漾，水质清澈如镜，水浅底硬，水草丰茂，延伸宽阔，气候得宜，正是螃蟹定居生长最理想的水晶宫。所以，阳澄湖蟹的形态和肉质在螃蟹家族中与众不同。阳澄湖大闸蟹具有的四大特征：青背，蟹背呈泥青色，滑而有光泽；白肚，蟹腹呈白玉色，洁白如玉，无斑点；黄毛，蟹脚长毛而呈黄色，挺拔而又柔软；金爪，蟹爪末节呈金色，灵活有力。

二、倾倒食客

每逢金风送爽、菊花盛开之时，正是金爪蟹上市的旺季。俗语说："秋风起，蟹脚痒，九月圆脐十月尖。"九月要食雌蟹，这时雌蟹黄满肉厚；十月要吃雄蟹，这时雄蟹蟹脐呈尖形，膏足肉坚。自古以来，阳澄湖大闸蟹令无数食客为之倾倒。唐代诗人李白曾赞道："蟹螯即金液，糟丘是蓬莱。且须饮美酒，乘月醉高台。"章太炎夫人汤国黎女士有诗曰："不是阳澄蟹味好，此生何必住苏州！"

阳澄湖蟹煮熟凝结，雌者呈金黄色，雄者如白玉状，滋味鲜美。个体在二两半以上的母蟹、三两半以上的公蟹通常用水煮、清蒸的方法，个体较小的则以面拖、酒呛为佳。因螃蟹性寒，煮时、食用时多加姜解寒，还需以菊擦手解腥。所谓："酒未敌腥还用菊，性防积冷定须姜。"讲究的食客还有专门的吃蟹工具，如剪刀、夹、刺、榔头等，俗称"蟹八件"。有的食蟹高手还能把蟹吃完后的蟹壳还原成整蟹。

第四节　南京板鸭

南京板鸭驰名中外，是南京的传统特色产品，素有"北烤鸭南板鸭"之美名。明清时南京就流传"古书院，琉璃塔，玄色缎子，咸板鸭"的民谣，

<南京板鸭

可见南京板鸭早就声誉蜚然了。南京板鸭外形较干，因其肉质细嫩紧密，像一块板似的，故名"板鸭"。其肉质酥烂细腻，香味浓郁，故有"干、板、酥、烂、香"之美誉。南京板鸭是用盐卤腌制风干而成，分腊板鸭和春板鸭两种，其他还有琵琶鸭、酱鸭等。

一、官礼板鸭

南京板鸭外型饱满，体肥皮白，肉质细嫩紧密，食之酥、香，回味无穷。南京板鸭的制作技术已有600多年的历史，因而有"六朝风味"、"百门佳品"的美誉。到了清代时，地方官员总要挑选质量较好的新板鸭进贡皇室，所以又称"贡鸭"。朝庭官员在互访时以板鸭为礼品互赠，由于容易保存，后成为人们的馈赠佳品，故又有"官礼板鸭"之称。

二、工艺独特

南京板鸭从选料制作至成熟，有一套传统方法和要求。其要诀是"鸭要肥，喂稻谷，炒盐腌，清卤复，烘得干，焐得足，皮白、肉红、骨头酥"。制作板鸭要选用体长、身宽、胸部及两腿肌肉饱满，两腋有核桃肉，去毛后体重1.75公斤以上的健康活鸭，宰杀前要用稻谷催肥。南京板鸭在生产工艺上也独具一格。宰杀技术精湛，刀口很小，要出尽鲜血。浸烫脱毛，不要沸腾水，免伤表皮。脱掉大毛，拔尽小毛，经过水漂后，截去脚翅，在鸭腋下开一个寸余长小口，从中掏出内脏，这样从外表看来体型完整。

腌制技术是制好板鸭的关键。南京板鸭用的是经过熬制的的陈年老卤，掌握盐度（用炒盐），配以各种香料，下卤十几小时，起卤后上钩晾干。要求体表光白无毛，无皱纹，肌肉收缩发硬，手持鸭腿，颈脖直立不弯，八字骨扁开，胸骨突起，鸭身呈扁圆形，肌肉切面紧密，呈玫瑰色，而且色调一致，以竹签刺入腿肌和胸肌肉，拔出后有香味。这就是标准的南京板鸭，不但色香味形俱佳，而且营养丰富。

第五节　高邮鸭蛋

　　鸭蛋是高邮的特产，优质的水资源是高邮鸭天然的饲养场，水面浮游的、水下栖身的各种小动物，为高邮鸭提供了最可口的"活食"。高邮鸭蛋一直以颜色红而油多而驰名于世。一蛋常有双黄，甚或三黄，蛋白如璧玉，蛋黄似玛瑙，红白相间，珠联璧合。高邮鸭蛋个头大，每只都在75克以上，有"蛋中之王"的美称。

< 高邮鸭蛋

高邮鸭蛋历史悠久，900 多年以前，北宋著名词人秦少游就曾以高邮鸭蛋馈赠苏东坡。清代文学家袁枚到过高邮，品尝过高邮鸭蛋，印象极佳，在《随园食单·小菜单》"腌蛋"条留下了记载："腌蛋以高邮为佳，颜色细而油多，高文端公最喜食之。席间，先夹取以敬客，放盘中。总宜切开带壳，黄白兼用；不可存黄去白，使味不全，油亦走散。"

高邮鸭蛋的特点可用蛋白"鲜、细、嫩"、蛋黄"红、沙、油"概括。汪曾祺在《故乡食物》中就曾详细记述了食用高邮鸭蛋的妙处："高邮咸蛋的特点是质细而油多。蛋白柔嫩，不似别处的发干、发粉，入口如嚼石灰。油多尤为别处所不及。平常食用，一般都是敲破'空头'挖着吃。筷子头一扎下去，吱——红油就冒出来了。"

第六节　镇江香醋

镇江醋又称"镇江香醋"，属于黑醋（乌醋），始创于清道光二十年（1840 年），是江苏著名的特产，享誉海外。"香"字说明镇江醋比起其他种类的醋来说，重点在有一种独特的香气。与山西醋相比，镇江醋的最大特点在于微甜。总体来说镇江香醋具有"色、香、酸、醇、浓"的特点，"酸而不涩，香而微甜，色浓味鲜"。

镇江香醋以优质糯米为主要原料，采用 100 多年来的传统工艺，即采用优良的酸醋菌种，在大缸内运用"固体分层发酵"，以及酿酒、制醅、淋醋三大过程，40 多道工序，历时 70 多天精制而成，再经 6 ~ 12 天储存期，然后才出厂。20 世纪 70 年代，镇江香醋的制作开始逐步用水泥池代替大缸发酵，并总结出一套新工艺，既保持了传统工艺和风味特色，又大大提

< 镇江古法酿醋

高了产量。

镇江香醋具有特殊的口感，用以拌冷盘、溜素菜、烹鱼肉、炖鸡鸭，可提味增香，去腥解腻，开胃生津，确为极佳的调味品，被誉为"醋中上品"。

第七节　碧螺春

碧螺春是中国十大名茶之一，产于江苏省苏州市太湖洞庭山。太湖水面水气升腾，雾气悠悠，空气湿润，土壤呈微酸性或酸性，质地疏松，极宜于茶树生长。由于茶树与果树间种，所以碧螺春茶叶具有特殊的花朵香味。

碧螺春茶已有1000多年历史，据记载，隋唐时期碧螺春茶即负盛名。民间最早叫"洞庭茶"，又叫"吓煞人香"。相传有一尼姑上山游春，顺手摘了几片茶叶，泡茶后奇香扑鼻，脱口而道："香得吓煞人。"由此得名。到了清代康熙年间，康熙皇帝品尝了这种汤色碧绿、卷曲如螺的名茶，

碧螺春 >

倍加赞赏，但觉得"吓煞人香"其名不雅，于是题名"碧螺春"，并令年年进贡。

　　碧螺春具有条索纤细、卷曲成螺、满身披毫、银白隐翠、清香淡雅、鲜醇甘厚、回味绵长等特色。当地茶农对碧螺春描述为"铜丝条，螺旋形，浑身毛，花香果味，鲜爽生津"。其汤色碧绿清澈，茶叶嫩绿明亮，有"一嫩（芽叶）三鲜（色、香、味）"之称。

知识小百科

雅品碧螺春

　　品赏碧螺春也是一件雅趣盎然之事。品饮时，先取茶叶放入透明玻璃杯中，这时杯中的碧螺春茶条索紧结，卷曲如螺，白毫毕露，银绿隐翠，叶芽幼嫩。以少许开水浸润茶叶，冲泡后茶叶徐徐舒展，上下翻飞，茶水银澄碧绿，清香袭人，口味凉甜，鲜爽生津。待茶叶舒展开后，再将杯斟满，一时间杯中的犹如雪片纷飞，白云翻滚，观之赏心悦目，闻之清香袭人，端在手中，啜入一小口，更觉神清气爽，心旷神怡。

　　　　　　　　　　　　　　　　　　　　　　　　物产佳饶　驰名中外

第八节　盱眙龙虾

　　盱眙龙虾是淡水龙虾，又称"克氏螯虾"，学名"克氏原螯虾"，个体较大，甲壳很厚，身体呈暗红色。克氏螯虾原产于北美洲，20世纪30年代传入我国的南京一带，再进入盱眙境内的陡湖、洪泽湖，进而进入天泉湖、猫耳湖、天鹅湖、八仙湖等河湖水塘。克氏螯虾在盱眙境内生长、繁育、壮大，成为盱眙一道亮丽的风景线，尤以陡湖、天泉湖、猫耳湖、天鹅湖、八仙湖的龙虾最为有名。

　　盱眙是最早吃龙虾的地方之一，盱眙龙虾味道独特，具有"麻、辣、鲜、香"的特点，作为一种大众化、平民化的食品，余香不绝，回味无穷，屡食不厌。盱眙龙虾之所以有名，是与它的烹制方法有很大的关系，其中，最著名、最有影响力的是手抓十三香龙虾，它热气腾腾，香味扑鼻，诱人食欲。吃的时候，麻、辣、鲜、美、香、甜、嫩、酥、肥、亮，吃后余味不绝，叫人无法忘记。

< 盱眙龙虾

第三章

风俗百态　蔚为大观

　　江苏大地形成了独特的自然环境和人文环境，并且拥有丰富多彩的民俗生活，在世代传承中形成了不同的地方特色。江苏节令民俗及其文化内涵特别丰富，衍生出一批脍炙人口的历史故事和民间传说，并附有相应的传统节日娱乐活动和节令风味小吃。其中白蛇传的传说、梁祝传说和董永传说还作为江苏省特色文化产业，入选第一批国家级非物质文化遗产名录项目（民间文学类）。

∧ 金陵灯会

第一节 丰富多彩的民俗风情

民俗即民间风俗习惯，是千百年来人们在社会生活中约定俗成的一种文化现象。一方水土滋育一方风土人情，吴中民俗展开着绚丽多彩的画卷。如，正月十五"金陵灯会"、二月十二"虎丘花朝"、三月"谷雨三朝看牡丹"、上元（清明）"山塘看会"、五月端午"龙舟竞渡"、八月"石湖串月"等，众多丰富多彩的民俗风情虽然有的已从人们现实生活中淡出，却依然令人回味无穷。

一、江苏各地过大年

江苏各地过年习俗都有一些独特之处。苏州人除夕在饭内放进熟荸荠，吃时挖出来，谓之"掘元宝"；亲友来往，泡茶时要置入两只青橄榄，谓之喝"元宝茶"，恭喜发财。武进人大年初一早晨，将先祖画像悬挂中堂，供上茶果、年糕，一家老小依次行拜年礼，谓之"拜神影子"；他们扫地不许从家里往外扫，唯恐把"财气"、"如意"扫了出去，只能从外往里扫。江宁人有春节"打神鼓"之习俗，由大旗开路，锣鼓手浑身使劲地擂鼓助兴，初三"打夜鼓"，初七"上七鼓"，十三至十五打"赤膊鼓"，气氛热烈。南通人有在家门口或堂前插芝麻秆、冬青、柏枝的习俗，取意生活节节高，常年青翠。淮阴人还有初六给孩子"烤头风"之习俗，是夜带孩子到田头空地点燃火把，为孩子驱除病邪，边烤边唱："烤烤头，醒醒脑，烤烤脚，步子矫，烤烤肚皮不拉稀，满身都烤遍，疾病永不见。"无锡渔民大年初

<苏州节俗

八有乘船去西山祭拜禹王庙的习俗，祈求水神保佑，禹王庙被拆除后，此俗也随之消失。

二、南京金陵灯会

金陵灯会，亦称"秦淮灯会"或"夫子庙灯会"，是广泛流传于南京地区的一种民间传统习俗活动，现在指每年春节至元宵节期间南京夫子庙举办的大型灯彩展览会。明清两代，南京就有玩龙灯和挂纱灯之俗。龙灯气势磅礴，纱灯精美绝伦，五光十色，万象争辉，引得观者赏客倾城出，欢歌笑语动地来，"银烛影中明月下，相逢俱是踏灯人"。

元宵节是金陵灯会的观灯最高潮。南京人有句俗话："过年不到夫子庙观灯，等于没有过年；到夫子庙不买灯，等于没过好年。"明初以来，南京的元宵灯会活动就逐渐享有"秦淮灯彩甲天下"之美誉，秦淮河"灯船"

金陵灯会 >

也随之蜚声天下。20 世纪以后，灯会有了进一步的扩展，彩灯的扎裱技艺也不断提高，并推动了南京剪纸、空竹、绳结、雕刻、皮影、兽舞、秧歌、踩高跷等民间艺术的发展。近年来，夫子庙元宵灯会越办越红火，利用新工艺、新材料，声光电控，五花八门，惟妙惟肖，斑斓夺目。灯会自春节起，为期一月。期间，每天吸引四方游客多达二三十万人。

三、徐州云龙山庙会

云龙山是徐州的游览胜地，古迹云集，风景宜人。在西山坡大士岩，每年农历二月十九日都要举行观音菩萨诞辰庙会，俗称"云龙山庙会"。云龙山庙会是传统集市贸易形式之一，场面很大，涉及山上山下、庙内庙

风俗百态　蔚为大观

∧ 云龙山庙会

外，内容和形式各异。其主要内容是朝山烧香拜佛、民间工艺美术大展示、民间文艺表演及企业商家赶庙会等，与会人数达百万以上，遍及鲁南、豫东、皖北接壤地区及徐州六县（市）、五区。

云龙山庙会最初起源于大士岩观音寺。清康熙年间，徐州知府姜焯在云龙山西坡兴建僧舍时在地基中发现一块白纹巨石，便命人雕刻成观音像，信佛教者多前来拜祭，久而久之形成观音会，民间称为"云龙山会"。之后的每年农历二月十九日，兴化寺的僧人就为观音菩萨诞辰庆典做起法事。因此这一天，进供者、烧香者、乞子者、还愿者以及凑热闹赶会者、放风筝者潮涌而来，达十万之众，山路为塞，路外人满。观音寺院内外，男女云集，观音像前善男信女烧香膜拜者，一排动辄十数人，此未起而彼已伏。

四、镇江：端午京口赛龙舟

龙舟是一种以龙造形的木舟，这种木舟的首尾雕有巨龙的图案。在古代，龙舟只有帝王才能享用，后来我国民间划船竞赛，也渐渐有了用龙舟的习惯。每逢端午节那天，许多地方都要举办龙舟竞赛，传说是为了纪念战国时期怀石投江的著名诗人屈原。

京口在端午节也有举办龙舟竞赛的习俗。京口龙舟大赛，不仅比龙舟速度快慢，而且要比水手的各种技巧，尤其是水手的潜水功夫。传统比赛的项目中有"江面抓鸭"和"潜水捉鱼"等。"江面抓鸭"是由几组龙舟圈成一个大圈，然后在圈的中央放一只活鸭子，一声令下，众舟一起合围，哪一艘龙舟上的水手先捉到鸭子，哪一艘龙舟就算获胜。有

京口龙舟大赛 >

风俗百态　蔚为大观

时，鸭子见人，就潜入水中，这时，水手们就必须跃入江中捕捉，竞争场面十分热闹。"潜水捉鱼"在竞赛中算高难项目，比捉鸭子要费力得多，一般潜水功夫相当棒的小伙子才敢参加此项赛事。根据竞赛规则，事先在数条黄鳝的头上各扎上一根红绸带，然后待发令时放入水中，比赛开始时，先由各个龙舟推出自己潜水功夫最出色的水手参加比赛，以抓获黄鳝的多少来决定名次。随着锣响，黄鳝被放入江中，四周龙舟上的水手纷纷潜入江底捕捉。要捉住黄鳝是很不容易的，它又滑又会钻，往往水手们多次潜入水中都无功而返，只有潜水功夫特强又善于捉鱼的才能享受到胜利的欢乐。

京口龙舟大赛一直持续到清末，后因观看的人越来越多，安全难以维持，以及风浪不测，常常因为比赛而淹死不少人，才被官方禁止。

知识小百科

苏州端午习俗

农历五月初五端午节，是中华民族传统的重要民间节日之一，纪念的是爱国诗人屈原。但是苏州的端午节与其他地方不同，它所纪念的是春秋时期吴国名臣伍子胥。

纪念伍子胥的端午节是苏州一年一度最为盛大的民间节日。春秋末期吴国大夫、军事家伍子胥被夫差赐死，悬目于城门，尸首被装入牛皮袋，投入河中，所谓"死无葬身之地"，是日正是五月初五端午节。于是，民间盛传"子胥死，水仙生"。从此，"祭伍子，迎水仙"就成了吴地端午节的重要内容。伍氏后人都会在端午节聚集苏州，祭祀仪式后，伍子胥后人和百姓争相往河中抛扔粽子，放生泥鳅和河蚌，场面蔚为壮观。

五、盐城盐民盐风俗

　　江苏北部的盐城，就是因为产盐多而得名。在过去悠久的制盐历史中，盐民们都是靠天吃饭，靠海晒盐。因此，在盐民中长期形成并流传着特殊的风俗民情。影响较大的有盐婆生日、敬龙王、晒盐日、晒龙盐等。

　　盐民晒盐扫盐，有"一年捆两季"之说，即一年产两季盐。从农历三月初三到夏至，有"小满膘水足，六月晒火谷，夏至水门开，水斗挂起来"的谚语。意思是小满前后是产盐的最好季节，所产的盐色白粒大，俗叫"膘水足"。农历六月中旬晒的盐，品质较差，像炒后的谷子一样，故称"晒火谷"。夏至后，雨季来临，不能晒盐了，取卤用的水斗就挂起来不用了。下半年晒盐从农历七月中旬开始，到十月初一结束。有"七月半定水头，八月半定太平"、"八月卤水贵，九月菊花盐，十月盐归土"的谚语。意

盐城盐民在晒盐 >

风俗百态　蔚为大观

思是从农历七月开始，雨季就结束了，盐场进入了秋旱季节，可以晒盐了。一般农历八月是晒盐的大好季节。九月的盐如菊花一样，表面好看，实则杂质较多，入口苦涩。到了十月，盐就入土里不出来了，这时若晒盐，容易生硝，失去盐的实用价值。传说农历六月初六是龙王爷的生日，这天晒的盐被称之为"龙王老爷生日盐"，俗叫"龙盐"。据说用这天晒出的盐不腥不臭、腌菜不苦、做汤味鲜。一般盐民都要保留一些"龙盐"，珍藏起来，除自用外，还作为礼品馈赠亲友。

六、立夏时俗各有异

农历四月初，春去夏来，天气日渐暖和，万物欣欣向荣。三麦油菜已经成熟，樱桃、青梅、枇杷等鲜果陆续上市，各种菜蔬也应时而生。这时，

< 丰子恺漫画中的"立夏称人"

我爱江苏

人们自然需要换换口味，南京就有"立夏尝三新"的习俗。"三新"指樱桃、青梅、鲥鱼。樱桃又名"含桃"，有朱樱、紫樱两种，味甘美，能调中益脾，滋养面颜，古时常用以祀宗庙，做贡品，朝廷亦用以赐百官。青梅，指未成熟的梅，味酸而脆，可与蜜糖相拌食用。鲥鱼是长江中名贵鱼类之一，每年春夏之交，从沿海水域回游上溯到江中产卵，史载："鲥鱼三月出扬子江中，味极甘美，然多骨而速腐。"

立夏那天，南通则时兴孩子胸前挂蛋。相传瘟神嗜睡，直至立夏之日方醒，散瘟布疫。女娲闻讯，与瘟神辩理，瘟神无奈承认，立夏之日，凡孩童前挂蛋者一律不得伤害。传说虽无从稽考，但这天孩子母亲总要选择个头大的鹅蛋或绿壳的鸭蛋或红通通的鸡蛋，煮熟后挂于孩子胸前，同时还留下两句谣谚称："立夏胸挂蛋，孩子不疰夏。""疰夏"是夏日常见的腹涨厌食、乏力消瘦之症，小孩尤易疰夏。立夏之日多食禽蛋之外，美食家们还特地做上一碗甜菜蛋汤。

立夏中午还用笸筐挂秤"称人"，给孩童称体重，有时稍稍在笸筐里放块石头，增加些重量。称时，秤砣只可向外挂，不许往里移，报数字逢"九"就报"十"，图个吉利。若立夏之日，天气晴朗，会游泳的孩童还得下河洗澡，这一年游水腿肚不会抽筋。这天，家庭主妇还曝晒被褥、衣服等物。

第二节　口味独特的菜品小吃

鱼米之乡江苏物产丰腴，由此也派生了令人垂涎的佳肴名菜。江苏菜口味清鲜平和、咸甜浓淡适中，南北皆宜；淮扬菜选料注重鲜活、鲜嫩，制作精细，风味清鲜，色彩鲜艳，清爽悦目。

一、味美清鲜属苏菜

江苏菜简称"苏菜"，由扬州菜、南京菜、常州菜、苏州菜、镇江菜组成，其味清鲜，咸中稍甜，注重本味，在国内外享有盛誉。苏菜擅长炖、焖、蒸、炒，重视调汤，保持原汁，风味清鲜，浓而不腻，淡而不薄，酥

知识小百科

狮子头

相传隋炀帝到扬州观琼花后，对扬州的万松山、金钱墩、象牙林、葵花岗四大名景十分留恋。回到行宫命御厨以上述四景为题，制作四道佳肴，即"松鼠鳜鱼"、"金钱虾饼"、"象牙鸡条"、"葵花献肉"。皇帝赞赏不已，赐宴群臣。从此，这些菜传遍大江南北。到了唐朝，郇国公府中名厨受"葵花献肉"的启示，将巨大的肉团制成葵花状，造型别致，犹如雄狮之头，可红烧，也可清炖。清炖较嫩，加入蟹粉后成为"清炖蟹粉狮子头"，之后盛行于镇扬地区。

< 狮子头

我爱江苏

松脱骨而不失其形，滑嫩爽脆而不失其味。

　　苏菜用料广泛，以江河湖海水鲜为主；刀工精细，烹调方法多样，擅长炖、焖、煨、焐；菜品风格雅丽，形质均美。南京菜口味和醇，玲珑细巧；扬州菜清淡适口，刀工精细；苏州菜口味趋甜，清雅多姿。繁荣的市场促进了苏菜系烹饪技艺的发展，松鼠鳜鱼、扬州炒饭、清炖蟹粉狮子头、金陵丸子、白汁圆菜、黄泥煨鸡、清炖鸡孚、盐水鸭（金陵板鸭）、碧螺虾仁、蜜汁火方、樱桃肉、母油船鸭、烂糊、黄焖栗子鸡、莼菜银鱼汤、万三蹄、响油鳝糊、金香饼、鸡汤煮干丝、肉酿生麸、凤尾虾、三套鸭、无锡肉骨头、梁溪脆鳝、苏式酱肉、沛县狗肉等都是苏菜里的名品。

知识小百科

松鼠鳜鱼

　　松鼠鳜鱼是苏州地区的传统名菜，在江南各地一直将其列为宴席上的上品佳肴。用鳜鱼制菜各地早有，一般以清蒸或红烧为主，而制作形似松鼠的鳜鱼菜肴则首先是苏州地区。清代乾隆皇帝下江南时，曾微服至苏州松鹤楼菜馆用膳，厨师用鳜鱼出骨，在鱼肉上刻花纹，加调味品稍腌制后，拖上蛋黄糊，入热油锅嫩炸成熟后，浇上热热的糖醋卤汁，形状似鼠，外脆里嫩，酸甜可口。乾隆皇帝尝后大加赞赏。

松鼠鳜鱼 >

另外，苏菜菜式的组合亦颇有特色。著名的"镇扬三头"（扒烧整猪头、清炖蟹粉狮子头、拆烩鲢鱼头）、"苏州三鸡"（叫花鸡、西瓜童鸡、早红桔酪鸡）以及"金陵三叉"（叉烤鸭、叉烤桂鱼、叉烤乳猪）都是其代表之名品。除日常饮食和各类筵席讲究菜式搭配外，还有"三筵"具有独到之处。其一为船宴，见于太湖、瘦西湖、秦淮河；其二为斋席，见于镇江金山、焦山斋堂、苏州灵岩斋堂、扬州大明寺斋堂等；其三为全席，如全鱼席、全鸭席、鳝鱼席、全蟹席等。

苏菜系的主食、点心在五代时即有"建康七妙"之称。其米饭粒粒分明，柔而不烂，可以擦台子；面条筋韧，可以穿结成带而不断；饼薄透明，可以映字；馄饨汤清，可注砚磨墨；馓子既香又脆，"嚼得惊动十里人"，足见技艺之高妙。苏州菜系中的特色小吃包括枣泥拉糕、小方糕、三鲜馄饨、酒酿圆子、豆腐花、船点、青团子、八宝饭等，都会令人吃后连声叫绝。

二、开国第一宴——淮扬菜

淮扬菜与鲁菜、川菜、粤菜并称为中国四大菜系，指流行于江苏扬州、镇江、淮安及其附近地域的菜肴，并且汇集上述菜肴之精华，是江苏菜系的代表性风味。淮扬菜菜式繁多，体系庞大，做工精细，尤其注重菜品的形态和雕刻，色香味形俱佳。

总体来说，淮扬菜具有以下几个特点。

1. 选料新鲜，口味平和

淮扬菜的原料以河鲜比重较大，注重鲜活，"醉蟹不看灯，风鸡不过灯，刀鱼不过清明，鲟鱼不过端午"。而在口味上也尽力追求食材的原味，平和自然。

2. 讲究火工，擅长炖焖

淮扬菜肴根据古人提出的"以火为纪"的烹饪纲领，鼎中之变精妙微

知识小百科

"开国第一宴"

　　1949 年 10 月 1 日开国大典当晚，北京饭店承办了新中国的第一次国宴，即以淮扬风味菜肴为主的"开国第一宴"。

　　"开国第一宴"包括一道头菜、八种冷菜、八种热菜和四种点心。冷菜八种：酥烤鲫鱼、油淋仔鸡、炝黄瓜条、水晶肴肉、虾籽冬笋、拆骨鹅掌、香麻海蜇、腐乳醉虾；头道菜：乳香燕紫菜；热菜八种：红烧鱼翅、鲍鱼四宝、红扒秋鸭、扬州狮子头、红烧鲤鱼、干焖大虾、鲜蘑菜心、清炖土鸡；点心四种：菜肉烧卖、淮扬春卷、豆沙包子、千层油糕。

纤，通过火工的调节体现菜肴的鲜、香、酥、脆、嫩、糯、细、烂等不同特色。淮扬菜擅长炖、焖、烧、煮，因为这几种方法能较好地突出原料本味。淮扬菜以炖、焖、烧、煮为主的名菜有蟹粉狮子头、清炖圆鱼、沙锅野鸭、三套鸭、煮干丝等。其中，煮干丝的由来与清朝乾隆帝下江南有关，扬州地方官员聘请名厨为皇帝烹制佳肴，有一道"九丝汤"，是用豆腐干丝加

九丝汤 >

火腿丝，在鸡汤中烩制，味极鲜美。特别是干丝切得极细，味道渗透较好，吸入各种鲜味，名传天下，遂更名"煮干丝"。

3. 注重本味，清淡适口

淮扬菜既有南方菜的鲜、脆、嫩的特色，又融合了北方菜的咸、色、浓特点，形成了自己"甜咸适中，咸中微甜"的风味。由于淮扬菜以鲜活产品为原料，在调味时追求清淡，从而能突出其适口的特点。

4. 刀工精细，形态美观

四大菜系中，淮扬菜刀工最精细，一块2厘米厚的方干，能批成30片的薄片，切丝如发。冷菜制作、拼摆手法要求极高，一个扇面三拼，抽缝、扇面、叠角，刀工拼摆难度极大。精细的刀工，娴熟的拼摆，加上精当的色彩搭配，使得淮扬菜如同精雕细凿的工艺品。

5. 富于变化，意蕴悠远

就淮扬菜制作菜肴的工艺来看，富于变化，想象力丰富。如"三套鸭"：家鸭套野鸭，野鸭套菜鸽，用火腿、冬笋作辅，逐层套制，然后用砂烧锅小火宽汤炖焖而成。家鸭肥嫩，野鸭香酥，菜鸽细鲜，风味独特。淮扬菜系制作菜肴很少用山珍海味，名菜多用当地产的普通原料，没有居高临下的气派，也不平淡无味，无论是选料、刀工、调味等都中规中矩、精工细作、讲求韵味。制作淮扬菜就像写诗作画，有浓厚的中国传统文化底蕴。

三、秦淮河畔品小吃

小吃原本就是一种闲暇中的享受，夫子庙的小吃特别诱人，"色、香、味、形、具"式式精湛，要模样有模样，要滋味有滋味，让人馋涎欲滴。金灿灿，黄澄澄，绿油油，白花花，如大千世界，五彩缤纷；甜滋滋，咸味味，酸渍渍，辣乎乎，似磊落人生，百味俱全。荤素果菜，随心所欲，春夏秋冬，各领风骚。春天有荠菜烧饼、菜肉包子、四喜元宵，夏天有千

<秦淮小吃

层油糕、开花馒头、刨凉粉，秋天有蟹黄烧卖、萝卜丝饼、鸡鸭血汤，冬天则有五仁馒头、水晶包子、豆腐脑。

　　老牌的秦淮风味小吃有口皆碑：有绵软味透、鲜嫩可口的干丝，咸甜适中、油而不腻的包子，香气扑鼻、余味浓郁的黄桥烧饼，香辣扑鼻的豆腐脑，人见人爱的"什色点心"。经过多年的努力，夫子庙地区有七家点心店制作的小吃，因工艺精细、造型美观、选料考究、风味独特而著称，经专家鉴定，南京秦淮区风味小吃研究会于 1987 年 9 月正式命名这八套秦淮风味名点小吃为"秦淮八绝"：永和园的黄桥烧饼和开洋干丝，蒋有记的牛肉汤和牛肉锅贴，六凤居的豆腐涝和葱油饼，奇芳阁的鸭油酥烧饼和什锦菜包，奇芳阁的麻油素干丝和鸡丝浇面，莲湖糕团店的桂花夹心小元宵和五色小糕，瞻园面馆熏鱼银丝面和薄皮包饺，魁光阁的五香豆和五香蛋。

风俗百态　蔚为大观

四、镇江三怪

自古名城出名食，"镇江三怪"的传说古老而富有魅力，在镇江流传着颇具顺口溜色彩的《三怪谣》："香醋摆不坏，肴肉不当菜，面锅里面煮锅盖。"故有"不到长城非好汉，不尝'三怪'太遗憾"之说。

醋，乃酸、甜、苦、辣、咸五味之首，是我国传统酸性调味品，古人给醋冠以"食总管"的美称。我国的酿醋历史至少有 2600 多年了。镇江香醋素以"酸而不涩，香而微甜，色浓而味鲜"而驰名中外。

提起熟食猪蹄，各地都有，然而，论选料之严格，加工之精细，口味之鲜美，要首推镇江的水晶肴蹄。相传 300 多年前，镇江酒海街有家小酒店的店主在大热天买回四只猪蹄，欲用盐腌制，结果却误用其岳父用以制鞭炮的硝。谁知肉质未变，反腌得更硬结味香，肉红蹄白，用清水泡后，焯水过了一遍，入锅后加葱、姜、花椒、茴香、桂皮，再加水焖煮。本想高温去毒，不料味极鲜美，由此得名。水晶肴蹄肉色鲜美，皮白光滑晶莹，卤冻透明，肉质清香而醇酥，肥而不腻，瘦不嵌齿。故而近人有诗赞道："风光无限数金焦，更爱京口肉食饶。不腻微酥香味溢，嫣红嫩冻水晶肴。"

"面锅里面煮锅盖"，是镇江饮食技艺中的一项创造。锅盖面，用的面条是"跳面"。所谓"跳面"，就是把和好揉成的面放在案板上，由操作人员坐在竹杠一端，另一端固定在案板上，上下颠跳，既似舞蹈，又如同杂技表演，反复挤压成薄薄的面皮，用刀切成面条，这种面条有毛孔，卤汁易入味，吃在嘴里耐嚼有劲，味道独具。而煮制时，在大锅中飘着小锅盖，锅盖是杉木制成，能压住翻滚的面头。面条贴于锅盖之下，煮熟后十分劲道，还有一种独特的木香。

第四章

非遗名录　璀璨夺目

　　江苏人文荟萃，历史悠久，是中华文明的重要发祥地之一。在物华天宝的江苏大地上，勤劳智慧的江苏人民创造了吴文化、金陵文化、淮扬文化、楚汉文化等光辉灿烂的历史文化，留下了丰富多彩、独具特色的文化遗产。其中，昆曲、古琴艺术、南京云锦织造技艺等八个项目入选联合国教科文组织"人类非物质文化遗产代表作名录"。另外，吴歌、苏绣、惠山泥人等也是江苏具有代表性的非物质文化遗产。

∧ 惠山泥人

第一节　昆曲

　　昆曲，原名"昆山腔"或简称"昆腔"，是中国古老的戏曲声腔、剧种，清代以来被称为"昆曲"，现又被称为"昆剧"。昆曲发源于14、15世纪苏州昆山的曲唱艺术体系，糅合了唱念做打、舞蹈及武术的表演艺术，以缠绵婉转、柔和悠远见长。昆曲以鼓、板控制演唱节奏，以曲笛、三弦等为主要伴奏乐器，主要以中州官话为唱说语言。2001年5月18日，联合国教科文组织在法国巴黎宣布第一批"人类口头和非物质遗产代表作"名单，共有19个申报项目入选，其中包括中国的昆曲艺术。

< 苏州中国昆曲博物馆

一、百戏之祖，六百春秋

发源于江苏太仓南码头至今已有 600 多年历史的昆曲被称为"百戏之祖，百戏之师"，许多地方剧种，像晋剧、蒲剧、湘剧、川剧、赣剧、桂剧等都受到过昆剧艺术多方面的哺育和滋养。

昆曲早在元末明初之际即产生于江苏昆山一带，它与起源于浙江的海盐腔、余姚腔和起源于江西的弋阳腔，并称为明代四大声腔，同属南戏系统。宋、元以来，中国戏曲有南、北之分，南曲在不同地方唱法也不一样。元末，顾坚等人把流行于昆山一带的南曲原有腔调加以整理和改进，称之为"昆山腔"，为昆曲之雏形。明朝嘉靖年间，杰出的戏曲音乐家魏良辅对昆山腔的声律和唱法进行了改革创新，吸取了海盐腔、弋阳腔等南曲的长处，发挥昆山腔自身流丽悠远的特点，又吸收了北曲结构严谨的特点，运用北曲的演唱方法，以笛、箫、笙、琵琶的伴奏乐器，造就了一种细腻优雅、集南北曲优点于一体的"水磨调"，通称"昆曲"。

二、联套成曲，以字行腔

昆曲的音乐属于联曲体结构，简称"曲牌体"。它所使用的曲牌，据不完全统计，有一千种以上。曲牌是昆曲中最基本的演唱单位，广为流传的南曲曲牌《步步娇》、《皂罗袍》、《好姐姐》、《懒画眉》、《朝元歌》等。

昆曲中在应用曲牌时构成联套（又称"套数"），通过联套的选用、调剂、对比组成一个整本大戏的音乐和文学结构，基本上一出戏是一个套数。另外，曲牌的音乐结构和文学结构是统一的。由于曲牌是由词发展而来，又称"词余"，在文字上是长短句式，写作就是填词。一个曲牌有多少字、多少句，每个字的平仄声，都有规定。而且重要的词位严格到仄声中应有上、去之别。如不根据平仄声就会形成倒字，很难谱曲和演唱。这也是写作和演唱昆剧难度很高的一个原因。而昆曲演唱的特点是"以字行腔"，腔跟字走，在演唱上也有很高的难度，不同于其他戏曲可以根据演员个人条件随意发挥，而是有严格的"四定"——定调、定腔、定板、定谱。

知识小百科

昆曲经典曲目

昆曲在长期的演出实践中，积累了大量的上演剧目。其中经常演出的经典剧目有：王世贞的《鸣凤记》，汤显祖的《牡丹亭》、《紫钗记》、《邯郸记》、《南柯记》，沈璟的《义侠记》，高濂的《玉簪记》，李渔的《风筝误》，朱素臣的《十五贯》，孔尚任的《桃花扇》，洪昇的《长生殿》，另外还有一些著名的折子戏，如《游园惊梦》、《阳关》、《三醉》、《秋江》、《思凡》、《断桥》等。

昆曲《牡丹亭》之《游园惊梦》剧照 >

三、歌舞介白，巧妙和谐

昆曲是一种歌、舞、介、白各种表演手段相互配合的综合艺术，其最大的特点是抒情性强，动作细腻，歌唱与舞蹈的身段结合得巧妙而和谐。在演唱技巧上，注重声音的控制、节奏速度的顿挫疾徐和咬字吐音的讲究，并有"豁"、"叠"、"擞"、"嚯"等腔法的区分以及各类角色的性格唱法。在舞蹈技巧上，大体可以分成两种：一种是说话时的辅助姿态和由手势发展起来的着重写意的舞蹈，一种是配合唱词来表达人物性格心灵和曲辞意义的着重抒情的舞蹈。昆曲的念白也很有特点，由于昆剧是从吴中地区发展起来的，所以它的语音带有吴侬软语的特点。其中，丑角还有一种基于吴方言的地方白，如苏白、扬州白等，这种吴中一带的市井语言，生活气息浓厚，而且往往用的是快板式的韵白，极有特色。

四、文化承传，艺术经典

昆曲之所以入选"人类口头与非物质文化遗产"，在于它是我国古典表演艺术的经典。但是，昆曲的辉煌与落败都与其特性有关。昆曲的兴盛与当时士大夫的生活情趣、艺术趣味是一脉相承的。士大夫的文化修养为昆曲注入了独特的文化品位，赋予了昆曲节奏舒缓、意境曼妙的品格，并使得昆曲在音乐、唱腔上每每显示出惆怅、缠绵的情绪。而到了清乾隆时期，市民阶层崛起，舒缓、惆怅的风格显然与他们格格不入，于是，昆曲便逐渐走向衰落。到1949年新中国成立以前，全国范围内已没有一个职业昆剧团。

20世纪50年代，一出《十五贯》救活一个剧种，全国随之成立了六

∧昆曲演出戏台

个昆曲院团。韩世昌、白云生、顾传玠、朱传茗、周传瑛、俞振飞、侯永奎、著名笛王田瑞亭及北方昆曲著名坤伶田菊林等老一辈表演艺术家及新中国成立后培养出的李淑君、蔡正仁、计镇华、张继青、洪雪飞、汪世瑜等一批优秀演员，整理、编演了《牡丹亭》、《西厢记》、《千里送京娘》、《单刀会》、《桃花扇》等大量优秀剧目。

但在今天，昆曲严格的程式化表演、缓慢的板腔体节奏、过于文雅的唱词、陈旧的故事情节，使其丧失了时尚性和大部分娱乐功能，离当代人的审美需求相距甚远，因而难以争得观众，演出越来越少。当务之急是抢救昆曲现有剧目和文献资料，对珍贵的昆曲文献、演出脚本、曲谱和图片进行搜集整理，使昆曲这一艺术经典流传下去并发扬光大。

第二节　南京云锦

南京云锦由于用料考究，织工精细，图案色彩典雅富丽，宛如天上彩云般的瑰丽，故得此名。云锦是至善至臻的民族传统工艺美术珍品之一，与成都的蜀锦、苏州的宋锦、广西的壮锦并称"中国四大名锦"。南京云锦配色多达 18 种，运用"色晕"层层推出主花，富丽典雅，质地坚实，花纹浑厚优美，色彩浓艳庄重，大量使用金线，形成金碧辉煌的艺术风格。

一、历史承传，日臻成熟

南京云锦是一种始于南朝而盛于明清的丝织工艺品，它历史悠久，纹样精美，配色典丽，织造细致，是纺织品中的集大成者。从元代开始，云锦一

< 南京云锦博物馆

直作为皇家服饰专用品。明朝时织锦工艺日臻成熟和完善，并形成南京丝织提花锦缎的地方特色。清代在南京设有"江宁织造署"，《红楼梦》作者曹雪芹的祖父曹寅，就曾任"江宁织造"20年之久。这一时期的云锦品种繁多，图案庄重，色彩绚丽，代表了历史上南京云锦织造工艺的最高成就。

南京云锦织造鼎盛时拥有3万多台织机，近30万人以此和相关产业为生，是当时南京最大的手工产业。现代云锦继承了明清时期的传统风格而有所发展，传统品种有妆花、库锦、库缎等几大类，此外，还开发了服饰、工艺画屏、日用饰品等众多工艺礼品。

二、工艺独特，申遗成功

南京云锦工艺独特，逐花异色，通经断纬，挖花盘织，如果用老式的提花木机织造，必须由提花工和织造工两个人配合完成，两个人一天只能生产5～6厘米。打个比方说，假如要织一幅78厘米宽的锦缎，在它的织面上就有14000根丝线，所有花朵图案的组成就要在这14000根线上穿梭，从确立丝线的经纬线到最后织造，整个过程如同给计算机编程一样复杂而艰苦，而这种工艺至今仍无法用机器替代。由此可见，南京云锦的织

南京云锦研究所织造现场 >

造技艺是一项严密而系统的工程，其包含的科技内涵十分丰富，可以为中国工艺史、科技史、文化史提供实证材料。

国家非常重视非物质文化遗产的保护，2001 年，南京云锦作为中国 3000 多年织锦历史中唯一流传至今不可被现代机器取代，凭前人口传心授而传承下来的传统手工艺，正式申报人类口头和非物质遗产，名次排于古琴之后。2006 年 5 月 20 日，南京云锦木机妆花手工织造技艺经国务院批准列入第一批国家级非物质文化遗产名录。2009 年 9 月 30 日晚，从阿联酋首都阿布扎比传来消息，联合国教科文组织保护非物质文化遗产政府间委员会会议决定：中国南京云锦织造技艺成功入选"人类非物质文化遗产代表作名录"。

三、华贵精美，高雅享受

南京云锦在元、明、清王朝皇室御用龙袍、冕服，官吏士大夫阶层的贵妇衣装，以及民间宗室喜庆、婚礼服饰等应用的范畴里，它是最华贵、

< 云锦图案

最精美的工艺美术品之一。它汇集了以丝质肌理美、色彩和谐美、纹样情愫美的装饰美化特征，以"质与纹"、"巧与艺"、"意与象"三者结合的内容与形式，达到科技与艺术两者完美统一的形态美感。

从南京云锦云锦繁多的品种来看，它可以归纳为三种美的形式：宫廷王室之美，是追求昂贵富奢的雍容华贵之美；士大夫、儒生之美，是显示抒情雅洁之美；民间喜庆礼仪之美，是实用与华丽结合的纯真民风之美。因此，南京云锦所特有的仪表装饰美，都能适应于人们对高雅艺术价值的享用。这就是南京云锦作品真、善、美统一的艺术风格，它既是中华民族服饰文化的优秀代表，亦是具有世界性的历史文化遗产之一的有力佐证。

第三节　古琴艺术

古琴是中国的一门古老的器乐艺术，也是中国乃至世界上唯一一种具有很强文学性的乐器，自古以来备受文人雅士钟爱，并留下了许多流传千古的曲目和典故。鉴于古琴在中国历史上的独特地位及其艺术魅力，2006年5月20日，古琴艺术经国务院批准被列入第一批国家级非物质文化遗产名录。

古琴发展史上的众多流派中，有很大一部分是发源于江苏，如扬州的广陵派、常熟的虞山派、南京的金陵派、南通的梅庵派、苏州的吴门派等。江苏是当之无愧的是古琴艺术之乡。

一、四艺之首，历史悠久

　　琴棋书画，曾是中国古代文人引以为傲的四项技能，也是四种艺术。其中，琴乐是中国历史上渊源最为久远而又持续不断的一种器乐形式。古琴，在古代称作"琴"，还有"绿绮"、"丝桐"等别称，是中华民族最早的弹弦乐器，是中华传统文化的瑰宝。

　　古琴的历史久远，最早见之于典籍的是我国第一部诗歌总集——《诗经》中。《诗经·周南·关雎》中的"窈窕淑女，琴瑟友之"，《诗经·小雅·鹿鸣》中的"我有嘉宾，鼓瑟鼓琴"，都反映了琴和人民生活的密切联系。可见，3000多年前的周代，琴已经流行。后来，由于孔子的提倡，文人中弹琴的风气很盛，并逐渐形成古代文人必须具备"琴、棋、书、画"修养的传统。

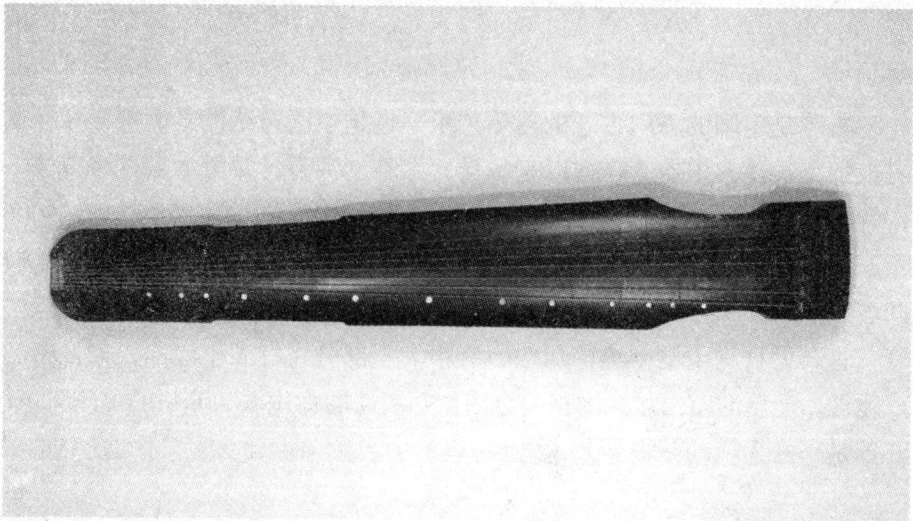

∧ 东方乐器博物馆藏品之鹤鸣古琴

二、经典造型，寓意丰富

古琴，属弹拨乐器，它最早是依凤的身形而制成，其全身与凤身相应，有头、颈、肩、腰、尾和足等。古琴一般长三尺六寸五分，代表一年有 365 天；宽约六寸（20 厘米左右）；厚约二寸（6 厘米左右）。琴面是弧形，代表着天，琴底为平，象征着地，又为"天圆地方"之说。13 个琴徽，是标识弦上泛音和按音音位之用，由粗而细，自外向内排列。代表着一年有 12 个月及 1 个闰月。"琴头"上部称为"额"，额下端镶有用以架弦的硬木，称为"岳山"，又称"临岳"，是琴的最高部分。岳山边靠额一侧镶有一条硬木条，称为"承露"。上有 7 个弦眼，用以穿系琴弦。其下有 7 个用以调弦的琴轸。琴头的侧端，又有"凤眼"和"护轸"。自腰以下，称为"琴尾"。琴尾镶有刻有浅槽的硬木龙龈，用以架弦。龙龈两侧的边饰称为"冠角"，又称焦尾。7 根琴弦上起承露部分，经岳山、龙龈，转向琴底的一对"雁足"，象征七星。琴底部有大小两个音槽，位于中部较大的称为"龙池"，位于尾部较小的称为"凤沼"。这叫"上山下泽"，既有龙又有凤，象征天地万象。

三、流派纷呈，名曲众多

由于地域风土的不同和人的气质的差别，形成了各种古琴演奏的流派。早在唐代，就有吴、蜀两大派。隋唐间的琴家赵耶利，曾以"吴声清婉，若长江广流，绵延徐逝，有国士之风。蜀声躁急，若激浪奔雷，亦一时之俊"概括了吴、蜀两派的风格特点。明清时期，古琴则发展演变为川派、虞山派、广陵派、浙派、金陵派、中州派、诸城派、闽派等多种流派。

∧伯牙与子期高山流水遇知音的雕塑

中国古琴名曲，历尽沧桑，均实为千古流传的"雅乐"。现存较为大众熟悉的有《高山流水》、《阳关三叠》、《梅花三弄》、《广陵散》、《渔舟唱晚》、《平沙落雁》、《渔樵问答》等。

第四节　苏绣

苏绣即苏州刺绣，是苏州地区刺绣产品的总称，现已遍布江苏省的扬州、无锡、常州、宿迁、东台等地。苏绣以其图案秀丽、构思巧妙、绣工细致、针法活泼、色彩清雅的特色而名扬天下。

一、历史悠久，承传不息

苏州地区优越的地理环境、绚丽丰富的锦缎、五光十色的花线，为苏绣发展创造了有利条件。据西汉刘向《说苑》记载，早在 2000 多年前的春秋时期，吴国已将苏绣用于服饰。三国时期，吴王孙权曾命赵达丞相之妹手绣《列国图》。建于五代北宋时期的苏州瑞光塔和虎丘塔都曾出土过苏绣经袱，这是目前发现最早的苏绣实物。据有关史料记载，自宋代以后，苏州刺绣之技十分兴盛，工艺也日臻成熟。明代，苏绣已成为苏州地区一项普遍的群众性副业产品，形成了"家家养蚕，户户刺绣"的盛况，城内还出现了绣线巷、滚绣坊、锦绣坊、绣花弄等坊巷，可见苏州刺绣之兴盛。清代的苏绣技艺流派繁衍，名手竞秀，以"精细雅洁"而闻名，达到全盛。清代苏绣针法之多，应用之广，莫不超过前朝，山水、亭台、花鸟、人物，无所不能，无所不工。加上宫廷的大量需要，豪华富丽的绣品层出不穷。苏绣后来吸收上海"顾绣"以及西洋画的特点，创造出光线明暗强烈、富有立体感的风格。

苏绣牡丹图 >

二、技法独特，效果逼真

在种类上，苏绣作品主要可分为"零剪"、"戏衣"、"挂屏"三大类，装饰性与实用性兼备，其逼真的艺术效果名满天下，山水能分远近之趣，楼阁可现深邃之体，人物能显生动之情，花鸟能呈亲昵之态。要达到如此之高的艺术水准，还是要靠其独特的技法。

苏绣技法独特，绣技具有"平、齐、细、密、和、光、顺、匀"的特点。"平"指绣面平展；"齐"指图案边缘齐整；"细"指用针细巧，绣线精细；"密"指线条排列紧凑，不露针迹；"和"指设色适宜；"光"指光彩夺目，色泽鲜明；"顺"指丝理圆转自如；"匀"指线条精细均匀，疏密一致。苏绣注重运针变化，常用的苏绣针法有齐针、散套、施针、虚实针、乱针、打点、戳纱、接针、滚针、打子、擞扣针、集套、正抢、反抢等。

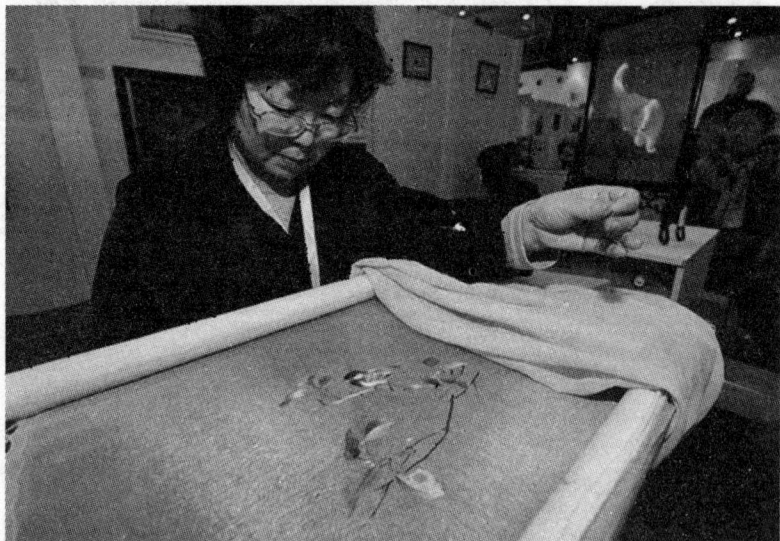

∧高级工艺美术大师黄春娅为观众现场表演苏绣技法

三、辨别优劣，去伪存真

一件好的苏绣艺术品是工艺性和艺术性的完美结合，作品凝结的艺术效果也就成为鉴别苏绣艺术品的重要标准。一般通过以下几个方面来辨认。一是作品图案的整体构思，二是作品做工的精细程度，三是作品色彩的处理和艺术效果。一件艺术价值高的苏绣艺术品一般是图案秀美，做工精细，色彩典雅，富有深远的意境。

挑选苏绣时最主要的是看苏绣表面的光洁度，如果绣得比较稀的话，光洁度就不够，好的绣品针线绣得很密，使图案有立体感，光洁度高。同时从苏绣花线的粗细也可以辨别出优劣，苏绣中一根花线的1/2粗称"一绒"，1/12粗称"一丝"。"劈丝"即将一根花线分为若干份。苏绣会根据不同的布质、色彩及题材，灵活综合运针，而且花线劈丝粗细合度，从而充分表现物体形象的质感。苏绣的座架一般为中国古典式红木雕花制成，因此看架子也是鉴别苏绣好坏的一种办法。质次的苏绣架子的材料一般都用白木，时间一长就容易开裂。此外，白木的手感很粗糙，而红木的手感细腻。

第五节　桃花坞木版年画

苏州桃花坞木版年画是我国特有的民间传统艺术，是用平面木刻套色印刷的，距今已有400多年的历史。它的表现形式有神像画、门神画、门房画、屏条、斗方、灯画等。桃花坞木版年画的题材有神像灶君、戏文故事、

＜日本浮世绘

民间传说、装饰图案、时事新闻等。它的构图十分夸张，通常以头大身宽的人物为主。它的色彩也别具特色，以红、黄、蓝、绿、紫、淡墨等色为基调进行组合，给人一种对比强烈鲜明、欢乐明快的观赏效果。

桃花坞木刻年画起源较早，曾远渡重洋流传到日本、英国和德国等地，并对日本的"浮世绘"产生很大的影响，被海外媒体誉为"东方古艺之花"。

一、历史悠久，名闻天下

桃花坞木版年画是我国南方流传最广、影响最大的一种民间木刻画，因桃花坞木版年画产于江苏苏州桃花坞而得名。桃花坞木版年画源于宋代的雕版印刷工艺，由绣像图演变而来。到明代发展成为优秀的民间艺术流派，形成了独特的风格。明末清初，是苏州桃花坞木版年画的繁盛时期，当时的画铺有四五十家，大部分设在枫桥、山塘街、虎丘和阊门内桃花坞至报恩寺塔一带。出产的桃花坞木版年画达百万张以上，除销到江苏各地及浙江、安徽、江西、湖北、山东、河南、东北三省外，还随着商船远销到南洋等地。

苏州山塘街 >

明清时期，随着苏州经济的发展，阊门一带集中了许多手工艺作坊，以年画铺为最多，在此出品的民间木版年画，让桃花坞名闻天下。到了清朝雍正、乾隆年间，年画的制作规模已相当可观，桃花坞也成为著名的木版年画产地，其产品遍布大江南北。

20世纪前半期，由于战火不断，社会动荡，木版年画业日渐凋零。新中国成立后，桃花坞木版年画重又迎来了艺术的春天。20世纪50年代初期，由苏州市文联对桃花坞木版年画的情况进行了调查研究，并组织艺人恢复生产，后又配备专业画师，招收徒工，成立"苏州桃花坞木版年画社"，在整旧创新方面取得了很大进展。近年来，古老的桃花坞木版年画走出国门，受到了国内外艺术家们的高度评价。

二、题材丰富，包罗万象

桃花坞木版年画的品种很多，题材丰富，包罗万象。古代的教育程度远远不如现在发达和普及，人们读书有限，识文断字的人很少。因此，

<《姑苏报恩进香》

戏文、故事年画因其通俗易懂且十分有趣而大行其道。比如《精忠传》、《穆桂英大破天门阵》、《白蛇传》、《姑苏报恩进香》、《西厢记》、《唐僧取经》、《杨家将》、《武松打虎》、《西游记》、《霸王别姬》等。

《金枪杨家将》年画共两大张，采用连环画的形式，每张绘有8幅小图，各讲一段故事。16幅图全面概括了北宋时期抵抗外族侵略的名将杨业一家三代前赴后继、报国杀敌的壮烈事迹。《岳武穆精忠报国》讲述了南

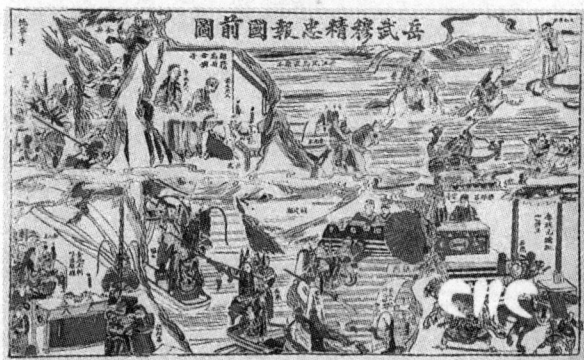
<《岳武穆精忠报国前图》

我爱江苏

宋时期的抗金名将岳飞虽屡建奇功，最后却被奸臣秦桧陷害致死的悲剧。岳飞虽死，但一直是人民心目中的英雄，百世流芳，被人称颂。秦桧虽一时得逞，却留下了千秋骂名，遭人唾弃。

这些年画中的戏文、故事，虽然很多都是编造的，有些还带有迷信色彩，但是它们有一个共同的特点，就是善恶分明，劝人弃恶从善，这对家庭和睦、社会安宁是有益的。在封建时期，很多不识字的穷苦百姓，就是从这些民间艺术中增长了见识，明白了事理。

又如一些市井风俗题材。过年的时候，百姓总要买张年画贴起来，借用年画的寓意表达心愿，抒发感情。在桃花坞木版年画中，就有表现市民生活情趣的风俗年画，如《采茶春牛图》、《摇钱树》、《聚宝盆》、《老鼠娶亲》、《岁朝图》等。《采茶春牛图》是以图配唱的风俗年画，创作于清朝末期，年画中 12 个采茶女，各具形态，栩栩如生。

三、姑苏刻印，巧夺天工

桃花坞年画的制作工艺源于宋代的雕版印刷工艺，并继承了明代精湛的分版分色套印技术。早期的桃花坞年画有手绘和木版刻印两种，各有特色。手绘的年画一般是在印好的墨线版画上用浓、淡两种墨色套印填彩。木版刻印的年画以桃花坞所产最为精美，这种以刻工见长的年画被人叫做"姑苏版"，例如清代雍正、乾隆年间刻印的《苏州阊门图》、《苏州万年桥》以及后来的《苏州玄妙观》、《小广寒》等。

木版年画是通过刻和印来完成的，质量的好坏与这两道工序有着很大的关系。桃花坞的艺人们对待这两道工序是非常慎重的。对于新的画稿，如果不符合年画的工艺特点，只能是一幅好画，而不能成为木版年画。他们要求画稿的线条要清楚，要匀称，不要有太多的转折。

桃花坞的艺人印刷年画的方法之一，是在一色当中分浓淡干湿，画面效果与绘画相近。另一种是分版套印，每版一色，平版印出五六种对比强烈的大面积色块，使画面具有浓厚的装饰趣味。后一种方法使用较多。桃花坞木版年画的印刷用纸多选用"毛太"、"白管"、"本连史"及"白有光"纸，印刷时先印墨线而后套印色彩。印墨线使用的墨汁均为艺人自己调制的。调制时选用上等烟煤或墨灰，与面浆在一起调匀，要发酵沉淀一个月后才能取用，时间再长一些则更好。

第六节　惠山泥人

　　惠山泥人是无锡三大著名特产之一。无锡当地艺人取惠山东北坡山脚下离地面约一米以下黑泥，其泥质细腻柔软，搓而不纹，弯而不断，干而不裂，可塑性极佳，非常适合"捏塑"之用。惠山泥人是泥人艺人们几百年来保留传统、不断创新而孕育出了巧夺天工、灿烂绚丽的民间艺术文化。其造型饱满，线条流畅，色彩鲜艳，情趣盎然，雅俗共赏，颇受各界人士的喜爱。2006 年 5 月 20 日，惠山泥人经国务院批准列入第一批国家级非物质文化遗产名录。

一、历史悠久，题材丰富

　　惠山泥人始于南北朝时期，距今已有 1000 余年的历史。明代发展到鼎盛阶段。明末清初开始出现了专业性的泥人作坊，加之当时昆曲流行，以戏曲人物为题材的手捏戏文人物也应运而生。20 世纪 30 年代，惠山泥人工艺中融入石膏制作的技法，自此产生了石膏工艺泥人的新品种，惠山泥人艺术也逐渐发展成为富有江南地方特色的"惠山型"风格。它做工细致，造型优美，色彩绚丽，注重对人物性格、表情的塑造，富有浓厚的乡土气息，深受人们的喜爱。

知识小百科

泥人精品——大阿福

惠山泥人代表作品"大阿福"，是根据民间传说创作的，他是一个被神化的民间中健壮孩子的可爱形象，主要是取其镇邪、降福之意。提起大阿福，在惠山还流传着这样的民间传说。在很早以前，惠山一带野兽横行，危害儿童。有个叫"沙孩儿"的小孩，勇斗猛兽，为民除害。为了纪念"沙孩儿"，人们用惠山的黏土塑造了勇敢的"沙孩儿"形象。后来，经过历代艺人不断地加工创造，这个寄托着人们对美好生活向往的艺术形象，便在民间流传下来了。

∧ 大阿福

非遗名录 璀璨夺目

惠山泥人题材丰富，制作技艺精湛，惟妙惟肖，雅俗共赏。产品分为两大类：一类为手捏泥人，构思隽妙，做工精细，郭沫若先生赞其"人物无古今，须臾出手中"，属泥人精品，具有较高的艺术欣赏和收藏价值；另一类为泥人、石膏工艺品，用模具成批生产，量大价廉。

二、制作考究，千锤百炼

惠山泥人的制作考究，在泥塑造型的创作上具有高度的概括性和简练的艺术风格，在造型特点上就出现了和一般雕塑不同的处理方法，如：（1）高浮雕方式处理一些突出轮廓，而不像雕塑那样强调体积感。（2）厚中见薄或薄中见厚的衣纹，这是惠山泥人惯用的一种巧妙处理方法。（3）用浅刻方法处理一些线条图案。（4）向塑像中心压缩来处理构图。（5）缩短人体比例，突出主要部位。（6）外轮廓线柔和弯曲，以尽量形成一个圆团。这些艺术处理的手法构成了惠山泥人在造型上的鲜明个性和独特艺术风格。

完成泥塑之后，若想在这些看似平常、起伏不大的坯体表现出完美的创作意图，就必须用色彩、图案线条来进行装饰，凸显轮廓和细部，增加表现力，并加以美化。因此，彩绘技艺在整个泥人的工艺制作中占有较高的比重，因而有"三分塑七分彩"之说。惠山彩塑十分注重配色。"红要红得鲜，绿要绿得娇，白要白得净"，才能使人看了爽朗愉快。"红搭绿，一块玉"，指红色与绿色相间使用，色彩效果很好。"红搭紫，一堆死"指红与紫并用，很难产生好的色彩效果。"远看颜色近看花"这是彩绘的总要求，既有大的色彩效果，又能细看，纹样与底色须相互衬托。而"满而不塞，繁中有简"，是惠山彩塑运用纹样时的规律。"长脚寿"、"团寿"、"梅竹"适用于老年人服饰，"百吉"、"蝙蝠"、"团球花"适用于小孩服饰，"云锦花"、"水浪花"、"五色云"适用于一般神仙中人物，"草花"、"芙蓉花"、"点点花"、"荷菊"等则是一般富贵人、美女服饰上常用的纹样。

三、造型简练，形神兼备

惠山泥人由于受模型的限制，因此，泥塑造型一般十分简练，大都是圆墩墩、胖乎乎的，甚至用浮雕和高浮雕来处理，有的甚至在背部过渡成平面。因此，看似简单，实际效果却又十分完美。彩绘的造型十分讲究和繁复，如色彩的搭配、线条的运用，纹样图案的装饰有的已形成固定的程式。搭配在造型上明显比坯体复杂，那庄严肃穆的观音、含情脉脉的少女、笑逐颜开的刘海、慈祥和蔼的寿星、饶有情趣的弥勒佛，形象鲜明生动，喜怒哀乐各异。

知识小百科

"粗货"与"细货"

惠山泥人分"粗货"与"细货"两类。"粗货"大多以喜庆吉祥题材为表现内容，如大阿福、蚕猫、老寿星、渔翁等，寄托着民间祈求祥瑞、辟邪纳福、丰衣足食的美好愿望，其造型粗犷简洁，色彩明快，挥洒写意，形神兼备。"细货"即手捏泥人，这类作品主要取材于传统的戏曲人物、神话传说、民风民俗，人物塑造生动传神，色彩秀丽，色调明隽。手捏泥人对材质要求严格，需取当地惠山东北坡山脚下一米深处的黑泥为材料。

第七节　宜兴紫砂壶

　　紫砂壶是我国特有的手工制造陶土工艺品，制作原料为紫砂泥，原产地在江苏宜兴，又名"宜兴紫砂壶"。宜兴紫砂壶形制优美，颜色古雅，其特点是不夺茶香气又无熟汤气，壶壁吸附茶气，日久使用，空壶里注入沸水也有茶香。

一、盛于明朝，发展曲折

　　紫砂壶的起源可上溯到春秋时期的越国大夫范蠡，至今已有 2400 多年的历史。从明代正德年间以来，开始用紫砂制成壶，名家辈出，500 年间不断有精品传世。邵友兰是清代的制壶名家之一，他善做仿古器形，尤以"配泥精致，质坚如玉"为一绝。但此后，社会动荡，宜兴紫砂壶制作工艺也陷入了低谷。20 世纪 50 年代初期，历经战乱的宜兴紫砂从业者仅存 50 多人，而制壶的老艺人更只剩下 20 多人。在人民政府的扶持下，老艺人组织起了合作社，恢复了紫砂壶的生产。这个时期涌现了朱可心、王寅春、蒋蓉、顾景舟、吴云根、裴石民等一批壶艺大师，这些大师的作品，精品迭出，砂质优良，工艺规范，受到了壶具收藏爱好者的追捧与青睐。

二、工艺独特，久有余香

　　紫砂壶烧制的原料为泥土，紫砂壶泥俗称"富贵土"，分为三种：紫泥、绿泥和红泥，一般深藏于岩石层下且分布于甲泥的泥层之间，泥层厚度从几十厘米至一米不等。紫砂泥的材质具有可塑性好、干燥收缩率小等特点。

　　紫砂泥本身不需要加配其他原料就能单独成陶。成品陶中有双重气孔结构，一为闭口气孔，是团聚体内部的气孔；一为开口气孔，是包裹在团聚体周围的气孔群。这就使紫砂陶具有良好的透气性。气孔微、'细密度'高，具有较强的吸附力，而施釉的陶瓷茶壶这种功能就比较欠缺。同时茶壶本身是精密合理的造型，壶口、壶盖配合严密，位移公差小于 0.5 毫米，减少了混有黄曲霉菌等霉菌的空气流入壶内的渠道。因而，就能较长时间地保持茶叶的色香味，相对地推迟了茶叶变质发馊的时间。紫砂壶冷热急变性能稳定，即便开水冲泡后再放入冷水中也不炸不裂。

宜兴紫砂壶 >

三、造型多变，价值连城

宜兴紫砂壶的造型千变万化，其造型采用全手工的拍打镶接技法制作的，这种成型工艺与世界各地陶器成型方法都不相同。这是宜兴历代艺人根据紫砂泥料特殊分子结构和各式产品造型要求所创造的。清末时期有用模制或辘轳成型的工艺。不论圆、腰圆、四方、六面、侧角、高矮、曲直，都可以随意制作。同时还为造型的平面变化提供条件，这就形成紫砂壶结构严谨、口盖紧密、线条清晰等工艺特点。值得一提的是，壶盖的制作最能显示出其工艺技术水平。圆形壶盖，能通转而不滞，中无间隙，倒茶也没有落帽之忧；六方壶盖，无论从任何角度盖上，均能吻合得天衣无缝。所有这些独特的高难度的成型技法是其他陶瓷产品无法比拟的。

据专家介绍，一把紫砂壶准确地说共有钮、壶盖、壶腹、壶把、流嘴、足、气孔等七个部位。而从制作的工艺上细分，足有圈足、钉足、方足、平足之分；钮有珠钮、桥式、物象钮等三种；壶盖有嵌盖、压盖、截盖；把有单把、圈把、斜把、提梁把，可谓纷繁多样。历代流传的紫砂壶型都有一定名称，至今还有数十种流行，如"洋桶"、"一粒珠"、"龙蛋"、"四方"、"八方"、"梅扁"、"竹段"、"鱼儿龙"、"寿星"等。现代人较注意紫砂壶的收藏价值，单从其收藏价值考虑，紫砂古壶价值连城，寸柄之壶则更珍贵。

第五章

游山玩水　走遍江苏

　　江苏旅游资源丰富，名胜古迹众多，既有内涵丰厚的人文景观，也有壮丽秀美的自然景观。江苏十三座城市，每一座都有其极具代表性的旅游资源：南京的六朝胜迹，苏州的古镇园林，无锡的太湖风光，常州的主题公园，镇江的寺院山林，扬州的汉唐文化，泰州的国粹遗韵，南通的江涛海潮，盐城的珍禽灵兽，连云港的海域仙境，淮安的伟人故居，宿迁的田园风景，徐州的秦汉遗迹，无不吸引着八方游客、四海宾朋。

∧ 无锡寄畅园

第一节　南京：六朝古都，秦淮风韵

　　南京，地处富饶的长江三角洲，北接辽阔的江淮平原，是江苏省的省会。南京是一座历史悠久的文化名城，我国七大古都之一，建城已有2400多年。南京地理位置优越、地形独特，它三面环山，一面临水，依钟山而扼长江。东面和南面是以紫金山（又叫"钟山"）为主体的宁镇山脉为屏障，紫金山之西有富贵山、五台山及清凉山等，西北面的长江奔流而过。这座"六朝古都"坐拥着叙说不尽的"秦淮风韵"。

一、秦淮河

　　在南京人的心目中，秦淮河是个永恒的话题。它是金陵古城的起源，又是南京文化的摇篮，素为"六朝烟月之区，金粉荟萃之所"，"更兼十

∧秦淮河

　　　　　　　　　　　　　　游山玩水　走遍江苏

代繁华之地"，被称为"中国第一历史文化名河"。

秦淮河古称"淮水"，本名"龙藏浦"，全长约110公里，流域面积2600多平方公里。早在远古时代，秦淮河就是扬子江的一条支流。早在新石器时代，河流沿岸就人口稠密，经济发达，孕育了南京的古老文化，被称为"南京的母亲河"。相传楚威王东巡时，望金陵（今南京）上空紫气升腾，以为王气，于是凿方山为渎入江，以截断王气。后人误认为此水是秦时所开，所以称为"秦淮河"。

秦淮河作为南京第一大河，分内河和外河。内河在南京城中，由东向西横贯市区，南部从西水关流出，注入长江。流入城里的内河东西水关之间的河段，素有"十里秦淮"、"六朝金粉"之誉。两岸全部是古色古香的建筑群，飞檐漏窗，雕梁画栋，画舫凌波，桨声灯影，加之人文荟萃、市井繁华，构成了集中体现金陵古都风貌的游览胜地——秦淮风光带。

秦淮风光，以灯船最为著名。河上之船一律悬挂彩灯，游秦淮河之人以必乘灯船为快。由朱自清散文名篇《桨声灯影里的秦淮河》可领略灯船风采。

知识小百科

《桨声灯影里的秦淮河》（节选）

秦淮河里的船，比北京万牲园、颐和园的船好，比西湖的船好，比扬州瘦西湖的船也好。这几处的船不是觉着笨，就是觉着简陋、局促；都不能引起乘客们的情韵，如秦淮河的船一样。秦淮河的船约略可分为两种：一是大船；一是小船，就是所谓"七板子"。大船舱口阔大，可容二三十人。里面陈设着字画和光洁的红木家具，桌上一律嵌着冰凉的大理石面。窗格雕镂颇细，使人起柔腻之感。窗格里映着红色蓝色的玻璃；玻璃上有精致的花纹，也颇悦人目。"七板子"规模虽不及大船，但那淡

秦淮河夜景 >

蓝色的栏干，空敞的舱，也足系人情思。而最出色处却在它的舱前。舱前是甲板上的一部。上面有弧形的顶，两边用疏疏的栏干支着。里面通常放着两张藤的躺椅。躺下，可以谈天，可以望远，可以顾盼两岸的河房。大船上也有这个，便在小船上更觉清隽罢了。舱前的顶下，一律悬着灯彩；灯的多少、明暗，彩苏的精粗、艳晦，是不一的。但好歹总还你一个灯彩。这灯彩实在是最能勾人的东西。夜幕垂垂地下来时，大小船上都点起灯火。从两重玻璃里映出那辐射着的黄黄的散光，反晕出一片朦胧的烟霭；透过这烟霭，在黯黯的水波里，又逗起缕缕的明漪。在这薄霭和微漪里，听着那悠然的间歇的桨声，谁能不被引入他的美梦去呢？只愁梦太多了，这些大小船儿如何载得起呀？我们这时模模糊糊的谈着明末的秦淮河的艳迹，如《桃花扇》及《板桥杂记》里所载的。我们真神往了。我们仿佛亲见那时华灯映水、画舫凌波的光景了。于是我们的船便成了历史的重载了。我们终于恍然秦淮河的船所以雅丽过于他处，而又有奇异的吸引力的，实在是许多历史的影像使然了。

六朝时，秦淮河成为名门望族聚居之地，乌衣巷更是六朝秦淮风流的中心，东晋时曾经聚居了王、谢两大望族而名满天下。秦淮河两岸的朱雀桥、桃叶渡更成为文人墨客聚会的胜地。隋唐以后，秦淮河渐趋衰落，却引来无数文人骚客来此凭吊，唐代著名诗人刘禹锡《乌衣巷》咏叹："朱雀桥边野草花，乌衣巷口夕阳斜。旧时王谢堂前燕，飞入寻常百姓家。"

"秦淮八艳"

"秦淮八艳"指明末清初在南京秦淮河畔留下凄婉爱情故事的八位才艺名妓。明末在秦淮一带的八位名妓，又称"金陵八艳"。"秦淮八艳"的事迹，最先见于余怀的《板桥杂记》，该书分别写了顾横波、董小宛、卞玉京、李香君、寇白门、马湘兰六人。后人又加入柳如是、陈圆圆两人。

秦淮八艳不仅个个相貌身材一流，而且诗词歌舞样样精通，更难能可贵的是她们关心天下大事，与复社文人来往密切，在国家存亡的危难时刻，表现出崇高的民族节气。李香君、卞玉京、董小宛与明末四公子中的侯方域、方以智、冒襄的风流韵事被时人传为美谈。柳如是、顾横波、寇白门后来都从良，跟随明末的历史名臣。明亡后，陈圆圆、董小宛更是卷入政治斗争的风口浪尖。

< 董小宛像

我爱江苏

宋代儒学鼎盛，南宋始建的江南贡院，成为我国古代最大的科举考场，于是秦淮河重新兴盛，为江南文化中心。明清两代，是十里秦淮的鼎盛时期。秦淮两岸，名人辈出，富贾云集，青楼林立，金粉楼台，画舫凌波，桨声灯影，成江南绝美之景。而"秦淮八艳"的事迹更是脍炙人口。但到了近代，由于战乱等原因，河水日渐污浊，两岸建筑多被毁坏，昔日繁华景象已不复存在。1985 年以后，南京市拨出巨款对秦淮河进行了全面的修复。

经过修复的秦淮河风光带，以夫子庙为中心，秦淮河为纽带，包括瞻园、夫子庙、白鹭洲、中华门以及从桃叶渡至镇淮桥一带的各种景观，集古迹、园林、画舫、市街、楼阁和民俗民风于一体，极具南京地方风情和历史文化魅力。

二、南京总统府

南京总统府位于南京市长江路 292 号，现在已成为中国最大的近代史博物馆，是近代中国历史的重要遗址。1840 年鸦片战争至 1949 年人民解放军占领南京的 100 多年里，这里多次成为中国政治、军事的中枢、重大事件的策源地，一系列重大事件或在这里发生，或与这里密切相关。

南京总统府可谓历史悠久。明朝初年曾是归德侯府和汉王府。清朝为江宁织造署、江南总督署、两江总督署。清朝康熙、乾隆皇帝下江南时均以此为"行宫"。1853 年 3 月，太平军占领南京，定都于此，改名"天京"，洪秀全在此兴建了规模宏大的天王府。清军攻破天京后，焚毁宫殿建筑，重建了两江总督署。1912 年 1 月 1 日，孙中山在此处宣誓就任中华民国临时大总统，并组建了中国历史上第一个共和制的国家政权——中华民国临时政府。1912 年 4 月，临时政府结束，在这里成立了以黄兴为留守的南京留守府。1913 年至 1927 年，这里先后成为江苏都督府、江苏督军署、江苏将军府、江苏督办公署、副总统府、宣抚使署、五省联军总司令部、直

< 洪秀全像

鲁联军联合办事处等机构。1927年4月南京国民政府成立后不久，即于9月移驻这里办公。1937年12月，南京沦陷后，先后成为日军第十六师团部和伪维新政府"行政院"，以及汪伪政府的"立法院"、"监察院"和"考试院"。1946年5月，国民政府还都南京后，这里仍为国民政府所在地。1948年5月20日，蒋介石、李宗仁在行宪国大分别当选总统和副总统后，国民政府改称"总统府"。1949年4月23日，人民解放军解放南京，攻占总统府，从此揭开了中国历史新的一页。此后近50年中，总统府一直作为机关的办公场所。自20世纪80年代以来，机关单位陆续搬迁，并在总统府旧址之上，开始筹建南京中国近代史遗址博物馆。经过精心的规划和建设，至2003年已初具规模。目前，博物馆总占地面积为9万平方米，共分三个参观区域。中区（中轴线）主要是国民政府、总统府及所属机构；

我爱江苏

西区是孙中山的临时大总统办公室、秘书处和西花园，以及参谋本部等；东区主要是行政院旧址、马厩和东花园。

中轴线上的主要建筑是大堂，为中式建筑，抱厦五间，面阔七间，硬山顶，单层双檐，它原为太平天国金龙殿，又称"荣光大殿"，孙中山就任中华民国临时大总统的就职典礼就在大堂后的西暖阁举行。1927年国民

知识小百科

总统府门楼

总统府门楼的原址，为清代两江总督署头门，太平天国时建天朝宫殿"真神荣光门"，又称"皇天门"或"凤门"。1864年，清兵攻破天京后将此门拆毁，重建两江总督署大门。国民政府成立后，于1929年新建了这座钢筋混凝土结构的西方古典门廊式建筑。1937年12月南京沦陷，日军在大门前举行了入城式，并在门侧悬挂第十六师团部木牌。继而为伪维新政府及汪伪政府"监察院"等机构的大门。1946年国民政府还都南京后，仍为国民政府大门。1948年5月"行宪国大"召开，主席改称"总统"，即将"国民政府"换嵌"总统府"三字。直至1949年4月23日人民解放军将红旗插上总统府的门楼。

总统府大门 >

政府定都南京后，将其作为国民政府的大堂，并将孙中山手书的"天下为公"匾额挂于大堂正中横梁上。与大堂相连的是二堂（中堂），原为太平天国的内宫建筑。两江总督署时期为二堂。民国年间，为举行礼仪活动的场所，如外国使节向民国政府首脑递交国书、举行各种仪式等。举行会谈前也在这里进行礼节性晤面。而中轴线北端坐落的是总统府的主要建筑——"子超楼"。这幢办公大楼是在国民政府主席林森任上所建。林森，字子超，且任国民政府主席时间最长，所以人们习惯称该楼为"子超楼"。该楼于1934 年开工，至 1935 年 12 月竣工。"子超楼"主体五层，局部六层。第一层，先为国民政府文官处，后成为总统府文书局的办公室。第二层是总统、副总统办公室。第三层是国民政府会议室。

"西花园"是西区的重要景点，明朝初年为汉王府花园，又称"煦园"。以汉王朱高煦名中的"煦"字而得名。清朝为两江总督署花园。太平天国建天朝宫殿时又加以扩建。因花园位于宫殿西侧，又称"西花园"，与东花园相对称。清军破城时被毁，曾国藩予以重建。1912 年 1 月，中华民国临时政府成立，孙中山的临时大总统办公室和起居室就在煦园内。以后，又先后作为南京留守府、江苏都督府、督军署等机构的办公处。1927 年 4

< 西花园的石舫

月国民政府成立后，国民革命军总司令部、军委会以及总统府军务局等机构，都曾在园内设有办公处。煦园为典型的江南园林，与总统府连为一体，有石舫、夕佳楼、忘飞阁、漪澜阁、印心石屋等著名的遗址景点。

东区内不仅有晚清两江总督和太平天国时期遗存，而且民国政府行政院办公楼更是保存完好。其南部围绕晚清建筑马厩为核心，设有水体、山石、林木、照壁等景观内容。中部依托两清总督历史建筑遗存，设有景观精致的"遗园"和对原有设备用房等改造形成的碑亭、廊、厅等园林景观。北部根据民国行政院的格局原貌加以恢复，再现了当时的历史氛围。

三、明孝陵

明孝陵是明代开国皇帝朱元璋和皇后马氏的合葬陵墓，因皇后谥"孝慈"，故名"孝陵"。明孝陵坐落在南京市东郊紫金山南麓，茅山西侧，东毗中山陵，南临梅花山，是南京最大的帝王陵墓，也是中国古代最大的帝王陵寝之一。1961年，明孝陵被公布为第一批全国重点文物保护单位。2003年7月，明孝陵作为"明清皇家陵寝"扩展项目被列入世界遗产名录。

明孝陵 >

贤良淑德马皇后

马皇后，名秀英，安徽宿州人，是仁慈、善良、俭朴、爱民的一代贤后。她敢于在明太祖施行暴政时进行劝谏，保全了许多忠臣良将的性命；她善待后宫嫔妃，不为娘家谋私利，开创了明朝后宫和外戚不干政的风气。

在朱元璋平定天下、创建帝业的岁月里，马皇后和他患难与共。因此朱元璋当了皇帝后，对马皇后一直非常尊重和感激，对她的建议也往往能认真听取和采纳。朱元璋几次要寻访她的亲族封官加赏，都被马皇后劝止。朱元璋性情暴烈残忍，为了保住朱家子孙日后的统治地位，不断寻找借口屠戮功臣宿将。对此，马皇后总是婉言规劝，使朱元璋多少有所节制。马皇后一直保持过去的俭朴作风，平日穿洗过的旧衣服，破了也不忍丢弃，并教导妃嫔不忘蚕桑的艰难。遇到荒年灾月，她带领官人吃粗劣的菜饭，以此来体察民间疾苦。洪武十五年（1382），52岁的马皇后病逝。临终嘱咐朱元璋"求贤纳谏，慎终如始"，并愿"子孙皆贤，臣民得所"。马皇后的所作所为，赢得了丈夫朱元璋的尊敬与爱护。她死后，朱元璋不再册立皇后，以示对她的敬重和怀念。

< 马皇后像

明孝陵经历了 600 多年的沧桑，许多建筑物的木结构已不存在，但陵寝的格局仍保留了原来恢弘的气派，地下墓宫完好如初。陵区内的主体建筑和石刻有方城、明楼、宝城、宝顶，包括下马坊、大金门、神功圣德碑、神道、石像路等，都是明代建筑遗存，保持了陵墓原有建筑的真实性和空间布局的完整性，特别是明孝陵的"前朝后寝"和前后三进院落的陵寝制。

明孝陵的陵寝制度既继承了唐宋及之前帝陵"依山为陵"的制度，又通过改方坟为圜丘，开创了陵寝建筑"前方后圆"的基本格局。明孝陵的帝陵建设规制，一直规范着明清两代五百余年二十多座帝陵的建筑格局，在中国帝陵发展史上有着特殊的地位。所以，明孝陵堪称"明清皇家第一陵"。

明孝陵的神道石刻是中国帝王陵中唯一不呈直线，而是环绕建有三国时期孙权墓的梅花山形成一个弯曲的形状，形似北斗七星。由卫岗的下马坊至文武方门的神道长约 2400 米。下马坊即孝陵的入口处，是一座二间柱的石牌坊，谒陵的文武官员，到此必须下马步行。沿神道依次有下马坊、

明孝陵神道 >

禁约碑、大金门、神功圣德碑碑亭、御桥、石像路、石望柱、武将、文臣、棂星门。过棂星门折向东北，便进入陵园的主体部分。这条南北轴线上依次有金水桥、文武方门、孝陵门、孝陵殿、内红门、方城明楼、宝顶等建筑。陵寝建筑都是按中轴线配制，体现了中国传统建筑的风格。

四、中山陵

中山陵是中国民主革命的先行者孙中山的陵墓，位于南京市东郊紫金山南麓，西邻明孝陵，东毗灵谷寺。1926年1月动工兴建，1929年6月1日举行奉安大典，1961年成为全国重点文物保护单位。

中山陵依山而筑，坐北朝南，岗峦前列，屏障后峙，气势磅礴，雄伟壮观。中山陵面积共8万余平方米，主要建筑有牌坊、墓道、陵门、碑亭、祭堂和墓室等。从空中往下看，中山陵像一座平卧在绿绒毯上的"自由钟"。

< 中山陵

山下孙中山先生铜像是钟的尖顶，半月形广场是钟顶圆弧，而陵墓顶端墓室的穹隆顶，就像一颗溜圆的钟摆锤。

陵墓入口处有高大的花岗石牌坊，上有孙中山先生手书的"博爱"两个金字。从牌坊开始上达祭堂，共有石阶392级、8个平台。台阶用苏州花岗石砌成。最高的平台有华表两座，后为祭堂。祭堂是仿宫殿式的建筑。长30米，宽25米，高29米，外壁用花岗石建造。堂顶是中国传统的重檐歇山式，上盖蓝色琉璃瓦。祭堂建有三道拱门，代表孙中山先生提出的三民主义。祭堂的门楣上刻有孙中山手书"天地正气"四字。堂中有孙中山先生大理石坐像，高4.6米，逼真生动，是世界著名雕刻家保罗·朗特斯基在法国巴黎用意大利白色大理石雕刻的。祭堂的东西护壁上刻有孙中

孙中山大理石坐塑像 >

游山玩水　走遍江苏

山先生手书的《建国大纲》全文，穹顶上绘有巨幅国民党党徽。堂后有墓门两重，两扇前门用铜制成，门框则以黑色大理石砌成，上有孙中山先生手书"浩气长存"横额。二重门为独扇铜制，门上镌有"孙中山先生之墓"石刻。进门为圆形墓室，直径18米，高11米。墓室在海拔165米处，与起点平面距离700米，上下落差73米。顶部用彩色马赛克镶嵌成国民党党徽，地面用白色大理石铺砌。中央是长形墓穴，上面是孙中山先生汉白玉卧像，此像系捷克雕刻家高琪按遗体形象雕刻的。下面安葬着孙中山先生的遗体，用一具美国制造的铜棺盛殓。墓穴直径4米，深5米，外用钢筋混凝土密封。瞻仰者可在圆形墓室内围绕汉白玉栏杆俯视灵柩上的卧像。

中山陵前临苍茫平川，后踞巍峨碧嶂，气象壮丽。光化亭、流徽榭、仰止亭、藏经楼、行健亭、永丰社、仰止亭、中山书院等纪念性建筑，众星捧月般环绕在陵墓周围，构成中山陵景区的主要景观，不仅寄托了人们对孙中山先生的崇高敬意和缅怀之情，而且都是建筑名家的杰作，具有极高的艺术价值。

知识小百科

吕彦直与中山陵

吕彦直，安徽滁州人，祖籍山东东平，我国近代杰出的建筑师。在短暂的一生中，吕彦直对建筑界产生了深远的影响，被称作中国"近现代建筑的奠基人"。吕彦直设计的中山陵构思巧妙、风格独特，完全融汇了中国古代与西方建筑精神，特创新格，别具匠心，庄严俭朴。

吕彦直设计的中山陵概括起来具有如下特点：结构完整，聚散巧妙；中西一体，珠联璧合；气势磅礴，视角见奇；简朴庄重，寓意深远。建筑古雅纯正，结构朴实坚固，色彩庄重，整个建筑布局呈一大钟形，寓含孙中山先生"唤起民众"之意。中山陵

吕彦直＞

建成后得到海内外专家、学者的盛赞："尤有'木铎警世'之想"（凌鸿勋语），"适成一大钟形，尤为有趣之结构"（李金发语），"形势及气魄极似中山先生之气概及精神"（王一亭语）。

中山纪念堂举行奠基仪式期间，吕彦直已病魔缠身。他忍着病痛，不分昼夜推理演算，以顽强的毅力设计出中山纪念堂的建筑详图，并主持了工程建筑事务。就在工程临近尾声时，吕彦直因病于1929年3月18日在上海逝世。

五、南京大屠杀纪念馆

侵华日军南京大屠杀遇难同胞纪念馆，坐落在南京市江东门街418号。该馆的所在地是侵华日军南京大屠杀江东门集体屠杀遗址和遇难者丛葬地。为悼念遇难者，南京市人民政府于1985年建成这座纪念馆，1995年又进行了扩建。纪念馆占地面积30000平方米，建筑面积5000平方米。

<南京大屠杀纪念馆

知识小百科
南京大屠杀

　　南京大屠杀指第二次世界大战期间，侵华日军于1937年12月13日攻陷中国的南京之后，在南京城区及郊区对中国平民和战俘进行的长达6个星期的大规模屠杀、抢掠、强奸等战争罪行。据第二次世界大战结束后远东国际军事法庭和南京军事法庭的有关判决，在大屠杀中有20万以上至30万以上中国平民和战俘被日军杀害，南京城的三分之一被日军纵火烧毁。而日本学者则众说纷纭，但有部分人却试图抹杀事实。

　　建筑物采用灰白色大理石垒砌而成，气势恢宏，庄严肃穆，是一处以史料、文物、建筑、雕塑、影视等综合手法，全面展示南京大屠杀特大惨案的专史陈列馆。该馆正大门左侧镌刻着邓小平手书的"侵华日军南京大屠杀遇难同胞纪念馆"馆名。陈列分广场陈列、遗骨陈列、史料陈列三大部分。广场陈列由悼念广场、祭奠广场、墓地广场等三个外景陈列场所组成。其中悼念广场内有刻着南京大屠杀事件发生的时间的标志碑、"倒下的300000人"的抽象雕塑、"古城的灾难"大型组合雕塑等。祭奠广场

我爱江苏

有刻有馆名的纪念石壁、郁郁葱葱的松柏和用中、英、日三国文字镌刻的"遇难者300000"的石壁。墓地广场有鹅卵石、枯树和断垣残壁上的三组大型灰色石刻浮雕及道路两旁的17块小型碑雕，部分地记载着南京大屠杀的主要遗址、史实，这是南京市各处集体屠杀所立遇难者纪念碑缩影和集中陈列，还有大型石雕母亲像、遇难者名单墙、赎罪碑等诸多景观，构成了以生与死、悲与愤为主题的纪念性墓地的凄惨景象。遗骨陈列有外形为棺椁状的遗骨陈列室，这里陈列着1985年建馆时从纪念馆所在地的江东门"万人坑"中挖出的部分遇难者遗骨。1998年4月以后，又从该馆所在地的江东门"万人坑"内新发掘出208具遇难者遗骨（表层土层中），这批万人坑遗骨经过法医学、医学、考古学、历史学者的严格鉴定，被确认为南京大屠杀遇难者遗骨，是侵华日军南京大屠杀暴行的铁证。

前事不忘，后事之师，以史为鉴，开创未来。南京大屠杀纪念馆现在已成为国际间祈祷和平与历史文化交流的重要场所，同时也是"全国中小学爱国主义教育基地"、"全国青少年教育基地"和"全国爱国主义教育示范基地"。

六、紫金山天文台

中国科学院紫金山天文台是我国最著名的天文台之一，始建于1934年，建成于1934年9月，位于南京市东南郊风景优美的紫金山上。紫金山天文台是我国自己建立的第一个现代天文学研究机构，前身是成立于1928年2月的国立中央研究院天文研究所。紫金山天文台的建成，标志着我国现代天文学研究的开始。中国现代天文学的许多分支学科和天文台站大多从这里诞生、组建和拓展。由于她在中国天文事业建立与发展中做出的特殊贡献，被誉为"中国现代天文学的摇篮"。

紫金山天文台是一个综合性的天文台，始建时拥有60厘米口径的反射

< 紫金山天文台

望远镜、20 厘米折口径射望远镜及天体照相仪和太阳分光镜等设备。抗日战争时期，部分天文仪器迁往昆明，其余遭到破坏。1949 年新中国成立后，修复了损坏的天文仪器，并先后增置了色球望远镜、定天镜、双筒折射望远镜、施密特望远镜和射电望远镜等先进的天文仪器，可以进行恒星、小行星、彗星和人造卫星的观测与研究，以及对太阳的常规观测，研究太阳的活动规律并做出太阳活动预报。紫金山天文台还是中国历算的权威机构，负责编算和出版每年的《中国天文年历》、《航海天文历》等历书工作。

第二节　苏州：梦里水乡，人间天堂

苏州位于长江三角洲中部，东邻中国最大的工业、金融和贸易中心上海，南接浙江，西抱太湖，北依长江。苏州是东方水城。水域面积占总面积的 42%，湖泊河流星罗棋布，中国四大淡水湖之一的太湖，五分之四的水域在其境内，东山、西山、光福、石湖、虞山、尚湖等风景区分布其间，举世闻名的京杭大运河贯穿南北。苏州是一个古老的城市，始建于公元前514年，距今已有2500多年的历史，目前仍坐落在春秋时代的原址上，基本保持着"水陆并行，河街相临"的双棋盘格局和"小桥、流水、人家"的古朴风貌。苏州一直以来以山水秀丽、园林典雅闻名天下，自古就有"上有天堂，下有苏杭"的美称。现在的苏州"城中有园，园中有城"，山、水、城、林、园融为一体，古典与现代完美结合。

一、"园林之母"——拙政园

拙政园位于苏州娄门内，始建于明朝正德年间，它是江南园林的代表，也是苏州园林中面积最大的古典山水园林，被誉为"中国园林之母"。拙政园与北京颐和园、承德避暑山庄、苏州留园并称为我国四大古典名园。

拙政园长廊 >

拙政园占地面积约 80 亩，园林布局主题以水为中心，池水面积约占总面积的五分之一，各种亭台轩榭错落有致，景色平淡天真，疏朗自然。它以池水为中心，楼阁轩榭都建在池的周围，并用漏窗、回廊连接。园内的山石、绿竹、古木、花卉构成了一幅幽远宁静的画面，代表了明代园林的建筑风格。整个园林建筑仿佛是浮在水面上，加上周围花木的映衬，在不同的境界中会产生不同的艺术情趣，处处有情，含蓄曲折，不愧是江南园林的典型代表。

拙政园现在的规模，大部分是清咸丰九年（1859）拙政园成为太平天国忠王府花园时重建的，到清朝末期，已经形成了东、中、西三个相对独立的小园。

1. 中园：参差错落，精巧雅致

拙政园的中部是拙政园的精华所在，称为"中园"。中原的总体布局以水为主，池中堆山，亭台楼榭都临水而建，有的亭榭就建在水中，参差错落，具有江南水乡的特色。中园总的格局仍旧保持了明代园林浑厚、质朴的建筑风格。以荷香喻人品的远香堂是园主宴请宾客的地方，它既是中园的主体建筑，又是拙政园的主建筑，园林中各种各样的景观都是围绕这个建筑展开的。远香堂是一座四面厅，它面水而建，结构精巧，周围都是落地玻璃窗，可以从里面看到周围的景色。堂里面的陈设非常雅致，堂的正中间有一块匾额，上面写着"远香堂"三字，是明代文徵明所写。堂的南面有小潭、曲桥和黄石假山，还有一片竹林。堂的北面是宽阔的平台，平台连接着荷花池。每逢夏日，池塘里荷花盛开，不时传来阵阵清香。堂的西侧是曲廊，连接小沧浪廊桥和水院。东面经过圆洞门就可以进入枇杷园，园中种植了枇杷、海棠、芭蕉、竹等花木，建筑构思和庭院布置可谓雅致精巧。

2. 西园：精致奢丽，紧凑规整

拙政园的西部原为"补园"，依山傍水建造了亭阁，布局紧凑，其中起伏、曲折的水廊、溪涧是苏州园林造园艺术的佳作。西园的主要建筑是靠近住宅一侧的三十六鸳鸯馆，这是当时园主宴请宾客和听曲的场所。厅内陈设考究精美，如果是晴天，从馆内透过蓝色玻璃窗观看外面的景色犹

与谁同坐轩 >

如一片雪景，非常美丽。三十六鸳鸯馆的水池是曲尺形的，装饰华丽精美，回廊起伏，水波倒影，别有一番情趣。西园另一个著名的建筑是与谁同坐轩的扇亭，扇亭两侧的墙上开着两个扇形的窗户，一个对着倒影楼，另一个对着三十六鸳鸯馆，后面的窗中又正好映入山上的笠亭，而笠亭的顶盖又恰好配成一个完整的扇子，整体造型十分别致。

3. 东园：疏朗明快，溪涧环绕

东园原称"归田园居"，它的规模大致以明朝侍郎王心一所设计的"归园田居"为主，形成了平冈远山、松林草坪的主体布局，再配上山池亭榭，仍旧保持了拙政园疏朗明快的整体建筑风格。东园中心是涵青池，涵青池的北面是兰雪堂，南面及左侧有缀云峰和联壁峰。峰下有洞，步行入洞，就好像渔郎进入了世外桃源，别有一番滋味，因此被形象地称为"小桃源"。兰雪堂的西面，梧桐参差，溪涧环绕，北部则是紫罗山、漾荡池。

知识小百科

拙政园里的植物

拙政园以"林木绝胜"著称。数百年来一脉相承，沿袭不衰。早期王氏拙政园的三十一景观中，有三分之二都是取自植物题材。现在的拙政园，仍然保持了以植物景观取胜的传统，荷花、山茶和杜鹃是拙政园著名的三大特色花卉。例如中园二十三处景观中，百分之八十都是以植物为主景的景观。如远香堂、荷风四面亭的荷，倚玉轩、玲珑馆的竹，听雨轩的竹、荷、芭蕉，玉兰堂的玉兰，雪香云蔚亭的梅，听松风处的松，以及海棠春坞的海棠，柳荫路曲的柳，枇杷园、嘉实亭的枇杷等。

< 拙政园花卉

二、假山王国——狮子林

狮子林系苏州四大名园之一，位于城东北的园林路上，始建于元代至正元年（1341），距今已有 600 多年的历史了。这座园林是元代僧人天如禅师为纪念他的老师中峰禅师所建的。狮子林既有苏州古典园林亭、台、

狮子林 >

楼、阁、厅、堂、轩、廊等一系列人文景观，更以湖山奇石、洞壑深邃而
盛名于世，素有"假山王国"的美誉。

1. 就地取材，经典之作

苏州地太湖之滨，自古就盛产太湖石，用这种石头堆叠的假山就是俗
称的"湖石假山"，具有婀娜多姿、玲珑剔透的阴柔之美，是苏州假山中
的经典之作。狮子林假山正是其中的杰出代表，群峰起伏，气势雄浑，奇
峰怪石，玲珑剔透。游人穿洞，时而攀登峰巅，时而沉落谷底，左右盘旋，
不亦乐乎。洞穴诡谲，忽而开朗，忽而幽深，或平缓，或险隘，带给人一
种恍惚迷离的神秘趣味。"人道我居城市里，我疑身在万山中"，就是狮
子林的真实写照。

2. 设计巧妙，回味无穷

狮子林假山是中国古典园林中堆山最曲折、最复杂的，分为上、中、
下三层，高者立峰直达山顶，低者石矶沉入池中。据统计，园内深邃通幽
的石洞多达21个，亭亭玉立的石笋多达34个，而大大小小的立峰更是难

　　　　　　　　　　　　　　　　　　　　　　　游山玩水　走遍江苏

形似狮子的石头 >

的错落于曲径两侧，有的镶嵌在花台水榭，甚至连厅堂的台阶，也弃平整的花岗石条不用，而改用高低不平的湖石。假山形态各异，有峰峦岑嶂，有崖壁屏阜，有冈坡谷丘，有岛岸矶穴，蔚为大观。狮子林的假山中，给人印象最深的要数指柏轩前面积最大的太湖石大假山。大假山的顶部竖有林立的石笋与太湖石峰，山体由太湖石架空堆叠而成，盘旋曲折的蹬道穿行于峰、岭、谷、洞之间，让人叹为观止。

乾隆皇帝与狮子林

　　乾隆皇帝南巡，六游狮子林，题了三次匾额，留诗十首，可见他对狮子林"一树一峰入画意，几湾几曲远尘心"的厚爱。他首次游狮子林时，竟将元朝大画家倪瓒的《狮子林图》和他亲手临摹的画随身携带，按图游园，游后兴致勃勃地写下了《游狮子林》诗："石不能言趣无穷，花应解语兴更添。"据说乾隆皇帝游狮子林时，能够看出山石中的太狮、少狮、狮舞、狮卧及狮吼等各种形象，说明他对狮子林的偏爱简直是如痴如醉了。为此，乾隆皇帝居然耗资二十万两白银，先后在京城圆明园和承德避暑山庄内仿建了两处"狮子林"。他在《游狮子林即景杂咏》诗中说："城中佳处是狮林，细雨轻风此首寻。"可见期对狮子林情有独钟。

< 乾隆皇帝像

三、吴中第一名胜——虎丘

　　虎丘位于苏州城西北郊，相传春秋时吴王夫差葬其父阖闾于此，葬后三日有白虎踞其上，因此得名。山高约36米，古树参天，千年虎丘塔矗立山巅。虎丘依托着秀美的景色，拥有丰厚的历史文化景观，享有"吴中第一名胜"的美誉。宋代著名文学家苏东坡曾说过："到苏州而不游虎丘，乃是憾事。"

　　虎丘前临山塘河，周围有环山河围绕，山植被茂密，林相丰富，群鸟绕塔盘旋，蔚为壮观。山高30多米，却有"江左丘壑之表"的风范，绝岩耸壑，气象万千，并有"三绝九宜十八景"之胜，其中最为著名的是云岩寺塔、剑池和千人石。剑池幽奇神秘，埋有吴王阖闾墓葬的千古之谜，

虎丘 >

令人流连忘返。千人石气势磅礴，留下了"生公讲座，下有千人列坐"的佳话。

1. 云岩寺塔

入虎丘后，沿山路而上，一路可见著名的"虎丘十八景"。十八景中，首屈一指的是云岩寺塔，已有 1000 多年历史，古朴雄奇，早已成为苏州古城的标志性建筑。云岩寺塔又名"虎丘塔"，塔系平面八角形，七级。原来的塔顶毁于雷击。1956 年重修时，在第三层夹层内发现石函、经箱、铜佛、铜镜、越窑青瓷莲花碗等大批珍贵文物。由于从宋代到清末曾遭到多次火灾，因而塔顶部和木檐都遭到了毁坏。

云岩寺塔现残高 48 米，是江南现存唯一始建于五代的多层建筑，腰檐、平座、勾栏等全用砖造，外檐斗拱用砖木混合结构。现塔顶轴心向北偏东倾斜约 2.34 米，据专家推测，因塔基位于山斜坡上，填土厚薄不一，故塔未建成已向东北方倾斜，但斜而不倒，屹立千年，被称为中国的"比萨斜

< 云岩寺塔

塔"。二山门为元代建筑,其结构尚承袭了宋代建筑的特色。脊桁为两段圆木相接而成,故俗称"断梁殿",其门扉、连楹、屋顶瓦饰及部分斗拱虽经后世修补,但仍保持了元代风格。

2. 虎丘剑池

虎丘最神秘、最吸引人的古迹是剑池。从千人石上朝北望去,"别有洞天"圆洞门旁有"虎丘剑池"四个大字,每个字的笔画都有三尺来长,笔力遒劲。进入"别有洞天"圆洞门,举目便见两片陡峭的石崖拔地而起,锁住了一池绿水。池形狭长,南稍宽而北微窄,模样颇像一口平放着的宝剑,当阳光斜射水面时,给人以寒光闪闪的感觉,即便是炎夏也会觉得凉飕飕的。水中照出一道石桥的影子。抬头望去,拱形的石桥高高地飞悬在半空,显得十分奇险。石壁上长满苔藓,藤萝又像飘带一样倒挂下来。透过高耸的岩壁仰望塔顶,有如临深渊之感。

1955 年,疏浚剑池,曾戽干池水,出清污泥,发现剑池两壁自上到底切削平整,池底也很平坦,没有高低欹斜现象,显然是由人工开山劈石所凿成。池南有土坝一个,与石壁三面相连,面积约四只八仙桌大小,低于平时水面三尺,是人工筑成用作蓄水的。在池北最狭处发现一个洞穴和

虎丘剑池 >

向北延伸一丈多长的隧道，可容一人单独出入，举手可摸到顶，从上到下方正笔直。不难推断，也是人工开凿而成。尽头处为一喇叭口，前有约一平方米隙地，可容四人并立，而无回旋余地。前面有用麻砾石制成的长方石板四块，一块平铺土中做底座，三块横砌叠放着，好似一大碑石。每块石板的面积约二尺半高，三尺多宽。第一块已脱位，斜倚在第二块上。第二块石板门的石质不同于虎丘本山的火成岩，表面平整。根据形制分析，这是一种洞室墓的墓门。

知识小百科

剑池之谜

剑池广六十多步，深约二丈，终年不干，清澈见底，可以汲饮。唐代李秀卿曾品为"天下第五泉"。据史料记载，剑池下面是吴王阖闾埋葬的地方。之所以名为"剑池"，据说是因为他入葬前下令把生前喜爱的"专诸"、"鱼肠"等三千把宝剑作为殉葬品，同时埋在自己的墓里。剑池究竟是怎样形成的，吴王墓是否在剑池下面，说法颇多，莫衷一是。1955年整修虎丘，疏浚剑池。当时曾刷洗苔藓，核实剑池东侧岩壁上确有明代长洲、吴县、昆山三县令等人以及唐寅、王鏊等人的石刻记事两方，载有明正德七年（1512）剑池水干，于池底发现吴王墓门的简单情况。

剑池是竖穴，南北向，池底的石穴是通路，这和春秋战国时代的墓制形式是完全相符的。据记载，"阖闾之葬，穿土为山，积壤为丘，发五郡之士十万人，共治千里，使象运土凿池，四周广六十里，水深一丈……倾水银为池六尺，黄金珍玉为凫雁"。这样夸大的描写，虽然不一定可信，但作为春秋末年五霸之一的吴王之墓，建筑规模肯定很大，墓室设计也必然会相当精密和隐蔽。从虎丘后山由泥土堆成和上述种种迹象分析，剑池很可能是为了掩护吴王墓而设计开凿的。墓门后面也很可能存在某种秘密。但是吴王墓是否即在其中，在未经考古发掘证实之前，尚是千古之谜。

3. 千人石

千人石是天然形成的大盘石，位于虎丘景区的中心，由南向北倾斜，平坦如砥，气势雄伟，中有两岩石凸起，顶面平坦，四壁如削，实为罕见。千人石的传说给游人增加了许多神秘色彩，主要有两种，一说是吴王夫差为先王阖闾治丧，在地宫内埋藏了三千把宝剑和许多其他的财宝，为了保守秘密，夫差在石上杀害了上千名筑墓的工匠，故称"千人石"。第二种传说是近代的高僧竺道生，人称"生公"，满腹经纶，悟性极高，但是他未能被当时的寺庙住持所接纳，只能在法堂之外讲经，没想到的是，巨石上却有一千多人列坐听讲，所以千人石又叫"千人坐"，便是由此而来。

四、第一水乡——周庄

周庄位于苏州城东南，昆山的西南处，四面环水，咫尺往来，皆须舟楫，有"中国第一水乡"的美誉。千年历史沧桑和浓郁吴地文化孕育的周庄，

陈逸飞油画《双桥》>

以其灵秀的水乡风貌、独特的人文景观、质朴的民俗风情，成为东方文化的瑰宝。作为中国优秀传统文化杰出代表的周庄，成为吴地文化的摇篮，江南水乡的典范。

　　周庄古镇依河成街，桥街相连，深宅大院，重脊高檐，河埠廊坊，过街骑楼，穿竹石栏，临河水阁，一派古朴幽静，是江南典型的小桥流水人家。周庄的魅力还在于它的文化蕴涵。沈厅、张厅、迷楼、叶楚伧故居、澄虚道院、全福寺等名胜古迹，都具有一定的历史、文化和观赏价值。西晋文学家张翰，唐代诗人刘禹锡、陆龟蒙等曾寓居周庄；元末明初沈万三得天时地利，成为江南巨富；近代柳亚子、陈去病等南社发起人，曾聚会迷楼饮酒吟诗；当代名人到周庄采风者更不胜枚举，旅美华人画家陈逸飞创作油画《双桥》后让周庄驰名世界，著名画家吴冠中赞誉"周庄集中国水乡之美"。

知识小百科

沈万三故居

　　沈万三故居位于周庄镇东垞，是根据历史资料和历史原貌，在原址精心设计、精心修建、精心布置的仿明式建筑。故居参照沈万三致富的各种传说、经商的坎坷历史、一生的传奇经历和沈家生活起居的场景，通过铜像、砖雕、漆雕、实景模型、版面、布景箱、泥塑、连环画等艺术手法，予以全面展示。

　　沈万三故居有5个院子，在围墙上有16幅精美的砖雕艺术品，通过"迁居周庄、春耕垦荒、建屋造宇、种桑养蚕、积谷东庄、会友宴客、书香门第、开店设铺、巧得宝盆、陆氏赠财、捐资筑城、造桥积德、海外经商、茶马古道"生动地再现了富商沈万三的传奇经历。

五、江南古镇——同里

同里镇，江南六大名镇之一，位于太湖之滨、京杭大运河畔。建于宋代，至今已有1000多年历史，是名副其实的水乡古镇。同里风景优美，为5个湖泊环抱，镇外四面环水，镇内由15条河流纵横分割为7个小岛，由49座桥连接。镇内家家临水，户户通舟，构成层次错落有致的优美画卷，赢得"东方小威尼斯"的美誉。

同里的特点在于明清建筑多、水乡小桥多、名人志士多。同里原有"前八景"、"后八景"、"续四景"等20多处自然景观，今尚存"东溪望月"、"南市晓烟"、"北山春眺"、"水村渔笛"、"长山岚翠"诸景。镇内有明清两代园宅38处，寺观祠宇47座，有士绅豪富住宅和名人故居数百处之多。400多年来的文化遗址、遗物、遗迹、遗风犹存，随处可见深宅大院、

∧ 同里古镇

游山玩水　走遍江苏

知识小百科

退思园

退思园是同里古镇最有名的私家园林，全园占地九亩八分，既简朴无华，又素静淡雅，具有典型的晚清江南园林建筑风格。退思园布局独特，亭、台、楼、阁、廊、坊、桥、榭、厅、堂、房、轩，一应俱全，并以池为中心，诸建筑如浮水上，所以又有"贴水园"之称。

退思园的主体建筑宅第分东西两侧，西侧建有轿厅、茶厅、正厅三进，为婚丧嫁聚及迎送宾客之用。东侧内宅，建有南北两幢各五楼五底的"畹香楼"，楼与楼之间由东西双重廊与之贯通，俗称"走马楼"，为江南之冠。园景部分亦分东西两侧，西庭东园。庭系园之序，中置旱舫、坐春望月楼、岁寒居。园以水为中心，山、亭、堂、廊、轩、榭、舫皆紧贴水面，园如出水上，可谓独秀江南。北岸的退思草堂为全园主景，站在堂前平台上环顾四周，琴房、三曲桥、眼云亭、菇雨生凉轩、天桥、辛台、九曲回廊、闹红一舸舫、水香榭、览胜阁以及假山、峰石、花木围成一个旷远舒展、彼此对应的开阔景区，构成一幅浓重的水墨山水画卷。而每一处建筑既可独立成景，又能互为对景，彼此呼应。其中坐春望月楼、菇雨生凉轩、桂花厅、岁寒居点出春夏秋冬四季景致，琴房、眼云亭、辛台、览胜阁塑造出了琴棋书画四艺景观。

< 退思园

退思园集清代园林之长，小巧精致，清淡雅宜，亭台掩映，趣味横生，堪称江南古典园林的经典之作。退思园在有限的空间内，能独辟蹊径，容纳了丰富的艺术之精华，使之成为能和任何一个名园相媲美的小型园林的典范。1986年，美国纽约市在斯坦顿岛植物园内，以退思园为蓝本，建造了一座面积3850平方英尺的江南庭园，取名"退思庄"。2001年，退思园被列为世界文化遗产。可见小小退思园已走出中国，走向世界。

园林小筑。现存著名的有退思园、耕乐堂、环翠山庄、三谢堂、侍御第、卧云庵、城隍庙、尚义堂、嘉荫堂、崇本堂等园林和古建筑。

同里处于五湖环抱之中，镇内街巷逶迤，河道纵横，因而也就留下了众多的古桥，如思本桥、富观桥、普安桥、长庆桥、泰来桥、中元桥、乌金桥、永寿桥、大兴桥、独步桥、太平桥、吉利桥、升平桥等。

知识小百科

同里古桥

同里古桥中桥龄最长的、也是最古老的桥，要数思本桥了。它建于南宋，距今已有700多年，虽经风雨侵袭，饱经风霜，至今仍岿然不动。

最小的桥该是坐落在环翠山庄荷花池上的独步桥。此桥桥面总长不满五尺，宽不过三尺，两人相遇需侧身而过，小巧玲珑，堪称一绝。

成"品"字形架设在河道上的太平、吉利桥、长庆桥三座古桥，是昔时同里婚嫁花轿必经之轿，以示吉庆。同里人有过三桥的习俗，取其消灾解难、幸福吉祥之意。太平桥和吉利桥均是乾隆十二年（1747）同里人范景烈等重建的。前者属梁式桥，小巧精致；后者属半月形拱桥，斜卧水上。长庆桥俗名"谢家桥"，又称"广利桥"，是明代同里人陈镛、谢忱改建的。如今走三桥已是游客不可少的项目，三桥也成为同里人气最旺的桥。

第三节　扬州：广陵明月，维扬烟花

"故人西辞黄鹤楼，烟花三月下扬州"，唐朝大诗人李白的千古绝句赞美了扬州的绚丽风光。扬州是苏北重镇之一，古九州之一，江淮地区水陆交通枢纽，地处长江下游北岸、江淮平原南端，京杭大运河纵贯南北，通扬运河贯穿东西。扬州山好水好人更好，人文荟萃，风物佳丽，古典园林历史悠久，自古以来就是吸引天下游人之处。

一、瘦西湖

瘦西湖园林群位于扬州市北郊，景色怡人，融南秀北雄为一体，在清代康乾时期即已形成"两堤花柳全依水，一路楼台直到山"的基本格局，

＜瘦西湖

有"园林之盛，甲于天下"之誉。瘦西湖清瘦狭长，水面长约4公里，宽不及100米。原是纵横交错的河流，能工巧匠们历次经营沟通，运用我国造园艺术的特点，因地制宜地建造了很多风景建筑。四时八节，风晨月夕，一泓曲水宛如锦带，如飘如拂，时放时收，别有一种清瘦的神韵。清代诗人汪沆写道："垂杨不断接残芜，雁齿虹桥俨画图。也是销金一锅子，故应唤作瘦西湖。"瘦西湖由此得名。

1.五亭桥

如果把瘦西湖比作一个婀娜多姿的少女，那么五亭桥就是少女身上那条华美的腰带。五亭桥不但是瘦西湖的标志，也是扬州城的象征，至今已有200多年的历史。

五亭桥上建有极富南方特色的五座风亭，挺拔秀丽的风亭就像五朵冉冉出水的莲花。亭上有宝顶，亭内绘有天花，亭外挂着风铃。五亭桥的桥墩由12大块青石砌成，形成厚重有力的"工"字形桥基。清秀的桥身和沉雄的桥基，两者相映成趣。五亭桥的桥身由大小不一、形状不同的券洞组成。空灵的拱顶券洞配上敦实的桥基，桥基在直线配上桥洞的曲线，加上自然流畅的比例，就取得了和谐统一的视觉效果。难怪中国著名桥梁专

五亭桥 >

游山玩水　走遍江苏

家茅以升这样评价：中国最古老的桥是赵州桥，最壮美的桥是卢沟桥，最具艺术美的桥就是扬州的五亭桥。

2. 钓鱼台

在中国，以"钓鱼台"命名的景点非常多，但扬州的钓鱼台是众多钓台中体量最小，也是极富特色的一座。它是中国名亭建筑的典范，是古典园林"框景"艺术的代表作品。站在钓鱼台斜角60度，您可以在北边的圆洞中看到五亭桥横卧波光，而南边的椭圆形洞中则正好可以看到巍巍白塔。这一景象一彩一素，一横一卧，真是堪称绝妙。

3. 小金山

小金山是瘦西湖中最大的岛屿，也是湖上建筑最密集的地方。风亭、吹台、琴室、木樨书屋、棋室、月观，全都集中在这里。关于"小金山"的名字，还有着一段来历。说是有一回扬州和镇江的两个和尚闲聊，镇江和尚说："青山也厌扬州俗，多少峰峦不过江。"扬州和尚当然不同意这种说法，于是两人就下棋打赌。结果扬州的和尚棋高一着，于是将此景定名为"小金山"，并在庭中挂了这样一副对联："弹指皆空，玉局可曾留带去；如拳不大，金山也肯过江来。"只用了一个"小"字，就把镇江的"金山"引渡过来了。小金山的风亭是瘦西湖景区的制高点，它就是朱自清先生所说的"瘦西湖看水最好，看月也颇得宜"的地方。风亭上有一楹联："风月无边，到此胸怀何以；亭台依旧，羡他烟水全收。"风亭这个名称就取自于上下联第一个字而得名的。

二、个园

扬州园林以精湛的造园技巧、浓郁的诗情画意和工细雅致的艺术格调，成为中国古典园林重要组成部分，并且"可视为江南园林的代表作品"。其中个园是扬州住宅园林中以叠石取胜的名园，是扬州园林的典型代表。

知识小百科

个园的名字由来

清嘉庆二十三年（1818），两淮商总黄应泰在扬州东关街在明代"寿芝园"的旧址上构建私家园林，取宋代文豪苏东坡"宁可食无肉，不可居无竹"的诗意，园中遍植翠竹，因竹叶形似"个"字，此园被命名为"个园"。

个园 >

个园以春夏秋冬四季假山著称，到处呈现出一幅幅气宇不凡的山水画面。四季假山呈现四季不同的自然色泽和特征，造型上也各得其妙，能使人在游览中品味出四季不同的韵味来。这种匠心和别致的设计，使四季假山享有"国内唯一孤例"的赞誉。

1.春山

进入个园园门，门外两边修竹劲挺，高出墙垣，竹丛中插植着苔绿斑驳的石笋，描绘出"雨后春笋"的一派景致，给人一种春意盎然的感觉。东西两侧透空花墙下，稀疏的绿竹之间，植石数峰，青翠含润，竹石相配，一真一假，一动一静，组合出一幅春雨滋润下的山林美景。

< 个园夏山

2. 夏山

　　经过春山，穿过抱山楼，迎面是一座势如真山的大型湖石假山。山脊筑有小亭，亭内的匾额上题有"夏山宜看"，这就是夏山。夏山前临深池，旁倚抱山楼，是一座集阁山与池山于一体、峻峭而秀美的综合性假山。夏山峰峦耸峙，林木葱郁，中间则堆叠成空心洞穴，曲奇深幽，游人可在洞内小憩。洞顶有一洞隙，恰能注入缕缕阳光，使洞内显得幽而不暗、幻而不迷。即使炎热的夏天，人们步入洞中，顿觉清爽。进到深处，更觉清风徐来，暑气顿消。步出石洞，脚底的石板桥下是一泓波光潋滟的清水池。池中游鱼嬉戏穿梭于睡莲之间，静中有动，极富情趣。

3. 秋山

　　经过抱山楼，园之东部便是秋山。秋山最富画意，山由悬岩峭壁的安徽黄石堆砌，顺势立峰，有中、西、南三峰，其石有的颜色赭黄，有的赤红如染，其势如刀劈斧削，险峻摩空。整座山体峻峭凌云，显得壮丽雄伟。进入山腹，如入大山之中，险奇之处随时可见。中峰高耸奇险，下有石屋，可容十几人，内设石桌、石凳、石床，通风良好，四季干燥，颇具生活意趣。沿腹道攀援而上，至山顶拂云亭，顿觉心胸开朗，满园佳境，尽收眼底，每当夕阳晚霞映照，黄石山体一片橙黄，呈现出金秋绚丽的色彩。

4. 冬山

从秋山下来，转到漏月轩前，便看到了用白色的雪石堆叠的冬山。整座山体洁白晶莹，俨然积雪未消，使人不禁生出几许寒意。山前地面，全用白石铺成冰裂纹状，山中配植天竺、腊梅等植物，增添了几分冬之情趣。南面高墙上有24个风音洞，后面的巷风袭来，时而发出呼啸之声。这样，"雪色"与"风声"相融合，更显冬日景韵。在西边的院墙上，开有一窗，正对后院的春山一角，寓意春色在望。这样，四季山景就自然地连成一体，其结构巧妙，浑如天成。

个园的四季假山，用石万计，景色明媚，丰姿多彩，构思精湛，文化气息浓郁，它既有灿烂辉煌的美，又有一种素洁淡雅的美。它通过四时不同的山峰来表现四时不同的景色——春山多物象，夏山多云水，秋山多奇

个园冬山 >

峰，冬山多风雪。加之那些错落在山涧的奇峰异石，有的两峰对峙，有的峰峦相映，构成了一个绝妙的境界。

三、何园

何园坐落于扬州市的徐凝门街66号，又名"寄啸山庄"，由清光绪年间何芷舠所造，规模庞大，面积为1.4万余平方米，建筑面积就达7000余平方米，占50%以上，密度极高，反映清后期园林建筑的艺术特点，被誉为"晚清第一园"。何园的主要特色是把廊道建筑的功能和魅力发挥到极致，长达1500米的复道回廊是中国园林中绝无仅有的精彩景观，左右分流，高低勾搭，衔山环水，登堂入室，形成全方位的立体景观和全天候的游览空间,把中国园林艺术的回环变化之美和四通八达之妙发挥得淋漓尽致。

全园可为东园、西园、园居院落、片石山房四个部分组成，以两层串楼和复廊与前面的住宅连成一体。东园的主要建筑是四面厅，为一船厅，单檐歇山式，带回廊，四周以鹅卵石、瓦片铺地，花纹作水波状，给人以水居的意境。厅北有假山贴墙而筑，参差蜿蜒，妙趣横生；东有一六角小亭，背倚粉墙；西有石阶婉转通往楼廊；南边建有五间厅堂，三面有廊。复道

< 何园风光

廊中的半月台，是中秋赏月的好地方。

西园空间开阔，中央有一个大水池，楼厅廊房环池而建。池的北楼宽七楹，屋顶高低错落；中楼的三间稍突，两侧的两间稍敛，屋角微翘，形若蝴蝶，故而俗称"蝴蝶厅"。楼旁与复道廊相连，并与假山分隔，廊壁间有漏窗可互见两侧的景色。池东有石桥，与水心亭贯通，亭南曲桥抚波，与平台相连，是纳凉之所。池西一组假山逶迤向南，峰峦叠嶂，后有桂花厅三楹。还有黄石假山夹道，古木掩映，野趣横生。何园中的水心亭巧用水面和环园回廊的回声，增强其音响效果，是供园主人观赏戏曲和歌舞之用的。

串楼是何园建筑艺术的最大特色。串楼复廊逶迤曲折，延伸不断。串楼长 400 余米，绕园一周。在串楼的窗格和壁板上刻有苏东坡、唐伯虎、郑板桥等人诗画作品，回廊墙壁石碑上嵌有古人的诗句。回廊上的"观园镜"可通观全园景色，给人以"山外青山楼外楼"的景观印象，充分体现了建筑艺术与自然景物融为一体之美。

片石山房是明末清初画坛巨匠石涛叠石的人间孤本。石涛是我国清代杰出的大画家，开辟了扬州画派，为"扬州八怪"的先驱。石涛遍访

< 何园水心亭

知识小百科

何园的天下第一

何园里还蕴藏着四个"天下第一"。"天下第一廊"指的是何园的复道回廊。复道回廊分上下两层，或直或曲，贯穿全园，全长1500多米，被誉为中国立交桥雏形。而复道回廊上的花窗被称为"天下第一窗"，造型阔大，气宇轩昂，绕廊赏景，步移景异，是园林花窗中罕见的极品。"天下第一亭"指的是以水池居中的西园池中央的水心亭。水心亭是一座中国仅有的水上戏台，在上面轻歌曼舞，可以巧妙地借助水面与走廊的回声，起到增强音响的共鸣效果。位于园东南的片石山房称为"天下第一山"，在石涛大师叠石人间孤本的腹内，藏有一座石屋。石屋有两间，东西都有洞门出入，盛夏酷暑，烈日炎炎，这里便成了养心消暑的绝佳之处。

名山大川，"搜尽奇峰打草稿"，晚年侨居扬州，留下叠石佳作——片石山房。片石山房的设计，以石涛画稿为蓝本，顺自然之理，行自然之趣，表现了石涛诗中"四边水色茫无际，别有寻思不在鱼。莫谓池中天地小，卷舒收放卓然庐"的意境。园中假山丘壑中的"人造月亮"是一奇观，盈盈池水，盎然成趣。假山内藏有一所石屋，是夏日消暑的好地方。它本非自然而追逼自然，出自人工却巧夺天工，吸引着四面八方的游客慕名前来观摩瞻仰。

四、大明寺

千年古刹大明寺雄踞在扬州北郊的蜀冈中峰之上。唐天宝元年（742），名僧鉴真东渡日本前，即在此传经，该寺因而名闻天下。

我爱江苏

平山堂 >

1. 平山堂

大明寺的大殿西侧，有"仙人旧馆"门额，即是有名的"平山堂"。平山堂是北宋大文学家欧阳修任扬州太守时所建。堂前花木扶疏，庭院幽静，凭栏远眺江南诸山，恰与视线相平，"远山来与此堂平"，故称"平山堂"。堂前有联曰："过江诸山到此堂下，太守之宴与众宾欢。"是欧阳修当年风采的生动写照。后来苏东坡任扬州太守时，常来此凭吊，并在后面建造了"谷林堂"和"欧阳祠"。

2. 天下第五泉

在平山堂之西是一座富有山林野趣的古典园林——西园。园中古木参天，怪石嶙峋，池水潋滟，亭榭典雅，山中有湖，湖中有泉。据唐人张又新《煎茶水记》曰："扬子江南零水第一，无锡惠山寺石泉水第二，苏州虎丘寺水第三，丹阳县观音寺水第四，扬州大明寺水第五，吴淞江水第六，淮水最下，第七。"因此扬州大明泉水誉称"天下第五泉"。今天，人们游历大明寺，仍以饮天下第五泉水为乐事。

3. 鉴真纪念堂

大明寺最有特色的建筑是鉴真纪念堂，纪念堂是根据周恩来总理的指示，为纪念鉴真法师圆寂1200周年，于1963年中日两国纪念鉴真圆寂1200周年时奠基，于1973年建成的。它仿日本奈良唐招提寺模式，由建筑学家梁思成先生设计，共包括碑亭、长廊和纪念堂三部分组成，总面积达700平方米。碑亭内耸立着汉白玉须弥座横碑，正面为郭沫若所书"唐鉴真大和尚纪念碑"，背面为赵朴初撰书纪念鉴真圆寂1200周年的碑文和颂辞，因而被誉为当代的"三绝碑"。纪念堂正中供奉着鉴真法师坐像，这尊坐像是仿日本奈良唐招提寺鉴真像，用楠木雕刻干漆夹纻而成，闭目冥思，神态坚毅安祥。

4. 栖灵塔

隋文帝仁寿元年（601）于大明寺内建栖灵塔，塔高九层，塔内供奉佛骨，谓之佛祖即在此处，故称"栖灵塔"。可惜在唐武宗会昌三年（843）化为焦土。现重建的栖灵塔，气势雄伟，风格仿唐，塔身方形，东西南北每面四柱三间，一门二窗，平座腰檐，平座与屋檐由斗拱支撑，出檐大而平。塔高各层不一，总高度为70米。该塔设计建成后，雄踞蜀冈，登塔远眺，扬州景观尽收眼底。

< 栖灵塔

我爱江苏

第四节　无锡：太湖明珠，渔乡风情

　　无锡市位于江苏省南部，长江三角洲平原腹地，北临长江，南濒太湖，是我国著名的鱼米之乡，被誉为"太湖明珠"，也是一座现代化工业城市，号称"小上海"。无锡风景秀丽，历史悠久，还是一座享誉国内外的旅游城市，烟波浩渺的太湖，因范蠡而得名的蠡湖，穿越市区的京杭运河，被称为"江南第一山"的惠山，象征无锡古老历史的锡山……无不彰显出无锡迷人的魅力。

一、鼋头渚

　　鼋头渚是横卧太湖西北岸的一个半岛，因巨石突入湖中形状酷似神龟昂首而得名。来无锡必游太湖，游太湖必至鼋头渚。鼋头风光，山清水秀，

鼋头渚 >

浑然天成，为太湖风景的精华所在，故有"太湖第一名胜"之称。鼋头渚的美丽景致很早以前就被人们所向往。南朝萧梁时，此地建有"广福庵"，为"南朝四百八十寺，多少楼台烟雨中"的一处。明初，"太湖春涨"被列为"无锡八景"之一。现代大郭沫若"太湖佳绝处，毕竟在鼋头"的诗句赞誉，更使鼋头渚风韵名播境内海外。

1. "太湖佳绝处"牌坊

原为"横云山庄"门楼，始建于1931年，结构古朴，北式风格，斗拱连接，琉璃顶、飞檐翘角。1975年根据郭沫若诗句和手迹制额。牌坊右侧有砖砌拱门，正反面有砖刻"利涉"、"问津"。1934年前若要游览鼋头渚，都要乘渡船到此，渡船在此停泊，故称"利涉"。渡船将游人送到这里，不知"桃花源"在何处，就得"问津"。进牌坊，立以照壁，饰以凤穿牡丹纹饰。壁后临水而筑"涵万轩"水榭。

2. 长春桥

1936年建，位于涵万轩和绛雪轩的一泓水池中，桥的前后筑有湖堤，同太湖水分隔。桥呈拱形，仿佛颐和园中的玉带桥，桥洞映日成浑圆形。湖堤上引种日本野生大山樱，已有60多年历史。每年4月，樱花盛开如云，淡红粉白相间，在青山绿水的掩映下，分外妖娆，称"长春樱花"。长春桥前有古建筑半露水面，题额"绛雪轩"，与涵万轩对景，相映成趣。

< 樱花烂漫长春桥

3. 鼋渚春涛

鼋头渚灯塔旁有高 2 米余的景名刻石，以黄石之古拙衬托书法之遒劲。主石正面镌刻"鼋头渚"三个大字，为清代光绪间无锡举人秦敦世所书。该石背面的"鼋渚春涛"，集唐驼为"花神庙"所书联句"春色斗燕支，天教万紫千红，都归主宰；涛声吼鼋渚，地胜十洲三岛，合住神仙"中的"鼋渚春涛"四字，补刻于石上。春天的无锡多东南风，太湖无日不起浪，鼋渚涛声是这里的一大特色。若遇风和日暖，微波涟漪，涛声则清缓而流畅，和谐而有节奏；若遇狂风怒号，浊浪滔天，涛声则轰然而鸣，犹如万马奔腾。

4. 太湖仙岛

太湖仙岛，原称"三山岛"，是鼋头渚景区内一组湖中小岛，总面积 12 公顷，因形如神龟，俗称"乌龟山"。岛上林木繁茂，琼楼玉宇，瑶池灵洞掩映其间，建有仙岛牌坊、会仙桥、月老洞、天都仙府、天街、太乙天坛、灵霄宫、大觉湾、仙佛洞等景点。游人置身岛上，听古乐，赏胜景，犹如登临蓬莱仙境飘飘欲仙之感。

二、寄畅园

在无锡有一座近 500 年历史的名园，它不仅体现了明清两代造园艺术的高超水平，而且文物收藏也十分丰富，这就是寄畅园。寄畅园是中国山麓别墅园林的代表，它位于惠山东麓，占地 14.85 亩。寄畅园虽小，却能利用山水地形，精心布局，巧妙运用借景，将惠山、锡山秀色揽入园内，以有限的空间造无尽的意境，从而成为江南园林的杰出典范。

1. 东水西山，景致盎然

全园大体上可以分为东、西两个部分，东部以水池、水廊为主，池中有方亭；西部以假山树木为主。

< 寄畅园

　　东部的水池"锦汇漪"，因为它汇集全国锦绣景色而得名。而整个寄畅园的风景正是围绕着这为中心而展开的。"锦汇漪"南北长，东西狭，面积仅有 2.5 亩，却显得开阔明朗。东边是临水亭廊，西边地势高处造假山，水面上筑有石桥，使水面形成不规则的巨大镜面，把周围的山影、塔影、树影、花影和人影倒映在池中，尽得奇幻之景。池中有一座九脊飞檐的方亭，名为"知鱼槛"，游人可倚栏与池中游鱼相戏。

　　西部的假山造型模拟惠山九峰连绵逶迤之状，构成一幅九狮图。假山间为山涧，引惠山泉水入园，西高东低，茂林在上，清泉下流，水流宛转跌宕，淙淙有声，取名为"悬淙涧"，又名"三叠泉"、"八音涧"。假山群中的古树茂盛，枝繁叶茂，都是有两三百年树龄的古樟，诉说着寄畅园悠久的历史。

　　2. 山林野趣，清幽古朴

　　寄畅园布局得当，妙取自然，体现了清幽古朴的园林风貌，具有浓郁的自然山林景色。

　　寄畅园借景高超，园内登高可眺望惠山、锡山，这在江南园林中以假山为主的设计中比较罕见。园中又引入惠山泉水，真山活水，配以假山池

塘，共同创造出自然和谐、灵动飞扬的山林野趣，寄托了园主的生活情趣和对自然、对人生的哲学思考。寄畅园选址山麓，深得自然之趣，林木葱郁，古树众多，建筑素朴，环境清幽，游客们往往都会不由自主地陶醉在这"自然的山，精美的水，凝练的园，古拙的树，巧妙的景"中，流连忘返。

三、五里湖

五里湖是太湖的一个内湖，又名"蠡湖"。以"蠡"为名，是因为它与范蠡的传说有关。传说，春秋时期，范蠡帮助越王勾践经过艰苦卓绝的努力打败了吴王。但大功告成之后，范蠡激流勇退，偕西施泛舟五里湖上。所以，五里湖有了"蠡湖"之称。

五里湖一带秀丽壮观的山山水水，正可以成为超尘脱俗的高人寄情遣怀的佳景。后来，明代著名书画家王仲山父子隐居此地。明末东林党人高攀龙也隐居此地，并分别留下"湖山草堂"、"高子水居"等古迹。

"湖山草堂"在五里湖之南的宝界山东北麓。现存建筑七间，墙壁和屋面已经过多次翻修，但其木结构以及地砖都是原来保存下来的。位于五

俯瞰蠡湖 >

　　　　　　　　　　　　游山玩水　走遍江苏

里湖东岸的"高子水居"没有"湖山草堂"幸运，它建于明万历年间，几经兴废，最后在抗日战争中彻底遭毁，现在仅有"水居遗址"一处石刻留存。

四、蠡园

蠡园地处风光秀美的蠡湖之滨，园以湖名，湖因园胜，曲岸枕水，秀丽明媚。蠡园三面环水，远眺翠嶂连绵，近闻碧波拍岸；南堤春晓，桃红柳绿；枕水长廊，步移景换；假山耸翠，曲折盘旋；亭台楼阁，层波叠影。当代大文豪郭沫若咏有佳句："欲识蠡园趣，崖头问少年。"而且蠡园假山就水而叠，因水而活，尽显"假山真水"的无限情趣。

蠡园大门古朴端庄，上立砖刻"蠡园"两字。从正门入室，进暗廊、月洞，穿过假山屏障，景色豁然开朗。只见修竹土岗，自成一坞，坞中有建于1930年的"百花山房"，面阔五间，雕花门窗。房后有长廊，名"浣芳"，布置"范蠡西施故事"的画廊，有"夷光出世"、"溪畔浣纱"、"范蠡用计"、"勾践献美"、"吴王骄淫"、"伍员被害"、"越国灭吴"、"范蠡隐退"、"泛舟五湖"、"经商制陶"等10幅画面。

< 蠡园

园中有以四季命名的4座亭，四亭造型完全相同，一律黄顶红柱，三面置有坐槛靠背，栋梁间彩绘四季花卉：春亭旁种梅花，夏亭旁种夹竹桃，秋亭旁栽桂花，冬亭旁种腊梅。四季亭南，沿湖筑大堤半围。长堤西南角临湖屹立六角亭，绿瓦红柱，亭内雕有60只金凤凰，每5只凤凰由一条龙率领。正中绘以双龙戏珠，故俗呼"龙凤亭"。

千步长廊位于蠡园东部，临湖而建，一侧依墙而筑，呈半封闭式。长廊中间，架跨水廊桥2座，立月洞门8处，高低起伏，显得深邃多变。廊内有"饮绿"、"雪浪"、"澄波"、"织雨"、"伫月"等砖刻题额16方，东廊墙上嵌有名人碑刻38方。游人透过花窗，可见亭台、楼阁、山水、桥廊，尽得窗窗景异之妙；另一侧临水敞开，设置朱栏坐槛，水光潋滟，有"山光照槛水绕廊"的意境。

春秋阁居中而立，它得名于春秋时期范蠡西施的故事。阁高三层，飞檐翘角，是蠡园的最高建筑。登高一览，茫茫湖水，澹澹云山，绿景婆娑，亭榭隐现，满目锦绣。

在蠡园入口处不远，有一大片湖石堆叠而成的奇峰，嶙峋多姿，气势不凡。一条石径，盘旋曲折，忽高忽低，忽宽忽狭，忽明忽暗。置身其间，闻声不见人，可望不可即，如入迷宫。假山都以"云"字为题，有"云窝"、"云

"层波叠影" >

脚"、"穿云"、"朵云"、"盘云"、"归云"、"留云"之名。假山之南，有池水萦绕，碧波与假山间有古轩。向南有"洗耳泉"，泉井径米许，状如耳孔，周围湖石叠成耳廊状。泉西有数十株丹桂，题称"桂林天香"。

五、东林书院

东林书院亦名"龟山书院"，是我国古代著名书院之一，创建于北宋政和元年（1111），是当时知名学者杨时长期讲学的地方。明万历三十二年（1604），由学者顾宪成等人重新修复并在此聚众讲学，他们倡导"读书、讲学、爱国"的精神，引起全国学者普遍响应，东林书院一时声名大著，成为江南地区人文荟萃之区和议论国事的主要舆论中心。

院内现存石牌坊、泮池、东林精舍、丽泽堂、依庸堂、燕居庙、三公祠、东西长廊、来复斋、寻乐处、心鉴斋、小辨斋、再得草庐、时雨斋、道南祠、东林报功祠等建筑，均显现明清时期布局形制与鼎盛时期风貌。依庸堂内有顾宪成所撰名联："风声、雨声、读书声，声声入耳；家事、国事、

< 东林书院牌坊

天下事，事事关心。"这副胸怀远大抱负的名联，后被广为传诵，成为许多学人、志士的共同心声和座右铭。上联将读书声和风雨声融为一体，既有诗意，又有深意。下联有齐家治国平天下的雄心壮志。"风"对"雨"，"家"对"国"，"耳"对"心"，极其工整，特别是连用叠字，如闻琅琅书声。东林书院对我国传统文化思想发展促进极大，有"天下言书院者，首东林"之赞誉。

六、天下第二泉

惠山上的天下第二泉开凿于唐大历年间，原因山而名"惠泉"。该泉经万千松根蓄存和砂岩涤滤，水质清纯甘洌，被唐代"茶圣"陆羽评为"天下第二"。唐代诗人李绅称其为"人间灵液"。宋徽宗钦令建亭护泉，御题"源头活水"，且封为贡品，"月进百坛"。宋代大文豪苏轼慕名多次来品泉，有"独携天上小团月，来试人间第二泉"的诗句。清代康熙皇帝、乾隆皇帝都曾登临惠山，品尝过泉水。

天下第二泉分上、中、下三池。上池八角形，为泉源所在，水质最好。中池为方形，紧靠上池。两池都是石底，青石围栏，上池四周石栏磨得十

天下第二泉 >

知识小百科

《二泉映月》

近代民间音乐家瞎子阿炳（华彦均），曾在惠山一带颠沛流离，谱下了《二泉映月》一曲。以"二泉映月"为乐曲命名，不仅将人引入夜阑人静、泉清月冷的意境，而且听毕全曲，更犹如见其人——一个刚直顽强的盲艺人在向人们倾吐他坎坷的一生。此曲如怨如慕、如泣如诉，自始至终流露的是一位饱尝人间辛酸和痛苦的盲艺人的思绪情感。作品的旋律委婉流畅、跌宕起伏、意境深邃，展示了独特的民间演奏技巧与风格，以及无与伦比的深邃意境，显示了中国二胡艺术的独特魅力，具有强烈的艺术感染力。

分光滑，特别是提水脚踩的位置，石栏深陷成几个缺口，是近千年以来人们取泉煮茶的印记。下池开凿于宋代，池壁有明弘治十四年（1501）杨理雕刻的龙头。泉水从上面暗穴流下，由龙口吐入地下。上面是漪澜堂，建于宋代。堂前有南海观音石，是清乾隆年间从明代礼部尚书顾可学别墅中移来的，堂后就是闻名遐迩的"二泉亭"。在二泉亭和漪澜堂的影壁上，分嵌着元代书法家赵孟頫和清代书法家王澍题写的"天下第二泉"各五个大字石刻。

第五节　徐州：彭祖故里，楚风汉韵

徐州位于江苏省的西北部，地处苏、鲁、豫、皖四省交界，东襟淮海、西接中原，南屏江淮，北扼齐鲁，地理位置十分重要，自古便是北国锁钥、南国门户、兵家必争之地和商贾云集中心，素有"五省通衢"之称。徐州历史悠久，人文荟萃，是著名的帝王之乡，中国第一个布衣皇帝——汉高祖刘邦就诞生于此，数百年的两汉盛世造就了博大精深的两汉文化。徐州的两汉文化遗存以"汉代三绝"——汉墓、汉画像石、汉兵马俑为代表。其他的文化遗存还有彭祖井、彭祖祠、放鹤亭、黄楼、东坡石床、快哉亭等。徐州的自然风光兼有北方的豁然大气和南方的钟灵秀丽，云龙湖、泉山森林公园、故黄河风光带、云龙湖滨湖公园使徐州拥有着醉人的锦绣风光。

一、汉代三绝

1. 狮子山汉兵马俑

1984 年 12 月，徐州东郊狮子山西汉第三代楚王刘戊的陵墓附近出土了 4800 多件西汉时期的彩绘兵马俑。这批分布于 6 条俑坑、总数 4000 多件的陶俑群反映了西汉初年分封在徐州的楚王国军队的整体建制。狮子山汉兵马俑种类丰富、数量众多，共有博袖长袍的官员俑、冠帻握兵器的卫士俑、执长器械的发辫俑、足登战靴和抱弩负弓的甲士俑等 10 余种。狮子山汉兵马俑既是汉代的艺术珍品，又是徐州作为军事重镇的历史见证，不仅对研究汉代雕塑艺术有极高的价值，对于研究汉代社会生活、丧葬制度、军制战阵都有着同样重要的价值。

2. 龟山汉墓

迄今为止，徐州汉墓已发掘的有 300 余座，龟山汉墓以其巨大的规模、精美的建筑、神秘的色彩而独占鳌头。龟山汉墓位于徐州西北约 9 公里的龟山，为西汉第六代楚王刘注的夫妻合葬墓。墓葬开口处于龟山西麓，呈喇叭形，两墓均为横穴崖洞式，由两条墓道两条甬道以及 15 间墓室组成，全由人工开凿而成。两甬道均由 26 块塞石分上下两层堵塞，每层

< 龟山汉墓

13 块，每块塞石重达六七吨。15 间大小配套、主次分明的墓室，卧室、客厅、马厩、厨房一应俱全，井然有序，俨然是一座宏伟的地下宫殿。

3. 徐州汉画像石艺术馆

徐州汉画像石与苏州园林、南京六朝陵墓石雕并称为"江苏文物三宝"。徐州汉画像石艺术馆坐落在风景秀丽的云龙山风景区内，是一座以陈列、

知识小百科

龟山汉墓之最

作为全国已知汉墓中极具科学文化价值和汉代特色的崖洞墓，龟山汉墓的建筑蕴含了汉代工匠的高超智慧和精湛技艺。其南北两条甬道各长 56 米，高 1.78 米，宽 1.06 米，沿中线开凿最大偏差仅为 5 毫米，精度达 1/10000；两甬道之间相距 19 米，夹角为 20 秒，误差仅为 1/16000，如将其向西无限延伸，其交点将位于 1000 公里外的西安，这是迄今世界上打凿精度最高的甬道。甬道由 26 块重达 6～7 吨的塞石分上下两层封堵，塞石间排列十分紧密，连一枚硬币也无法塞进。

我爱江苏

146

汉画像石

汉画像石是汉代人们刻画在墓室、祠堂上带有鲜明主题的装饰石刻。它生动地描绘了汉代社会的典章制度、衣食住行、神话故事,展示了2000多年前人们高超的艺术水准,是汉代文化最有代表的艺术作品,是中华民族艺术宝库中璀璨的明珠。

收藏、研究汉画像石为主的专题性博物馆。它占地40亩,建筑面积8000平方米,藏品1400块,展出画像石600余块,是全国最大的汉画像石专题博物馆。

徐州汉画像石题材广博,内容丰富,反映现实生活的题材有车马出行、互博比武、舞乐杂技、迎宾待客、庖厨宴饮、建筑人物、男耕女织等,反映神话故事的内容有伏羲、女娲、炎帝、黄帝、东王公、西王母、日中金乌、月中玉兔等,表示祥瑞的图案有青龙、白虎、朱雀、玄武、麒麟、九尾狐、二龙穿璧、十字穿环等。徐州汉画像石中的牛耕图、纺织图、九仕图、迎宾图、百戏图及押囚图,堪称艺术珍品、镇馆之宝。

出舆入辇、宝马雕车 >

二、彭祖故里

　　彭祖故里位于徐州市铜山区大彭镇大彭村。彭祖,原系先秦传说中的仙人,后道教奉为仙真,传以长寿见称。徐州铜山一带是彭祖的受封之地,也是彭祖文化的发祥之地,有彭祖庙、彭祖井、彭祖墓等景点。彭祖庙建于东汉时期,唐代、明代、清代曾三次修复。凸显乡风民俗的彭祖庙会历史悠久,每年农历三月初三,十里八乡的人便来赶会,场面很大,热闹非凡。原彭祖庙有大殿和东西配殿,在"文革"期间被毁,1993年重建三开殿,

< 彭祖像

高 10 余米，庙内重塑彭祖铁像，光头、赤脚，高约 4 米。彭祖井也盖上了井亭，并立上古碑，1994 年，彭祖墓也得以重修，中断几十年的彭祖庙会也恢复了，其热闹场面不亚于当年。

三、云龙山

云龙山素为徐州名胜之冠，山分九节，蜿蜒起伏，状似神龙，因山上常有云雾缭绕而得名。现山上满布松柏，四季常青，林壑幽美，风景秀丽，成为中外客人来徐州必游之地。

1. 放鹤亭

放鹤亭为北宋神宗元丰年间张天骥所建。张天骥自号"云龙山人"，他在山上建一亭，并养两只仙鹤，隐居山上。苏轼在徐州任太守期间，常率宾客在亭中饮酒，和张天骥交为好友。元丰元年（1708）十一月，苏轼写了一篇《放鹤亭记》，现立碑文于放鹤亭南侧。这篇文章脍炙人口，并

云龙山牌坊 >

游山玩水　走遍江苏

被选入《古文观止》，徐州的云龙山和放鹤亭也因该文而闻名于全国。与放鹤亭相对应，云龙山还有招鹤亭和饮鹤亭二亭。

2. 兴化寺

原名"石佛寺"，初建于唐开元年间。历经数代，古迹众多，如大雄宝殿、济公殿、钟楼、藏经楼等，其中较出名的是北魏时期的大石佛、唐代的摩崖石刻。石佛为释迦牟尼佛半身像，高约三丈二尺，是与云冈石窟和龙门石窟同时代的佛像。

第六节　淮安：洪泽湖畔，运河之都

淮安市位于苏北平原，是周恩来的故乡，是全国历史文化名城之一。淮安历史悠久，是著名的"青莲岗文化"发源地，明清时期为漕运枢纽、盐运要冲，曾与杭州、苏州、扬州并称运河沿线的"四大都市"。淮安古迹名胜众多。境内有韩信钓台、吴承恩故居、文通塔、镇淮楼、妙通塔、明祖陵以及"东方庞贝"水下泗洲城等著名人文景点。淮安自然风光也十分独特，洪泽湖碧波万顷，荷香鱼跃，盱眙铁山寺自然保护区万木葱茏，环境怡人。

一、吴承恩故居

吴承恩是明代杰出的文学家、《西游记》的作者。吴承恩的故居坐落在淮安市楚州区河下古镇的打铜巷巷尾，为古朴典雅的青砖小院，分为四

吴承恩故居 >

个院落，由门房、客房、轩厅、书斋等26间房屋和庭院及后花园——悟园组成，辅以回环曲幽的抱廊、假山、亭轩及竹木花卉，是一组体现明代风格的清雅秀丽、古色古香的园林式建筑群。

吴承恩故居的三间正厅是吴家的主堂屋，是举行喜庆婚丧大典和接待至亲宾客活动的场所，名为"射阳簃"。厅前廊柱上的楹联是："搜百代阙文，采千秋遗韵，艺苑久推北斗；姑假托神魔，敢直抒胸臆，奇篇演出西游。"这副对联高度概括了吴承恩创作源流和一生的文学成就以及名著《西游记》的历史价值。

二、水下泗州城

在盱眙的淮河之滨，躺着已沉睡了300余年的古老城市——泗州城，一座被人们称为中国的"庞贝城"。

泗州城兴于唐代开元盛世，是"舟舡泊聚，车马停集，廛市繁荣，人文荟萃"的名州古城，又是进入黄河的水道中点；既是唐宋时期的漕运中心，又是当时洪泽湖地区规模较大的中心城市。这样一座盛极一时的历史文化古城，却从地面上消失了，它没有毁于南北对峙时期的金戈铁马，而是罹患于肆虐的黄河和淮河洪水。

1993 年起，有关专家正式开始对古泗州城进行考查，终于揭开了水下古泗州城"辉煌 900 年，沉睡 300 载"的神秘面纱。经勘查，古泗州城的确切地理位置位于盱眙县淮河乡沿河村、城根村一带，长 2.05 公里，宽 1.2 公里，总面积约 2.4 平方公里。古泗州地下、水下埋藏着许多无价的文化艺术珍品，如泗州城的城墙、门楼、月城、月门，都是国内罕见的建筑，具有很高的学术价值。城内普光王寺、福庆寺、关帝庙、香花庙、平等庵、三圣庵、灵瑞塔、光春亭等建筑物，都是具相当规模的文物古迹，不仅具有很高的考古和艺术价值，而且都可谓是世界级的文化遗产。

三、明祖陵

明祖陵位于江苏省盱眙县洪泽湖的西岸，是明太祖朱元璋的高祖、曾祖、祖父的衣冠冢及其祖父的葬地。明祖陵原有殿庑、金门、玉桥、井亭、宰牲所、拜斋、宿直房、铺舍、碑亭等，栽植柏树万株，神道全长 250 多米，两侧立望柱 2 对、石像 19 对，并有祭田 149 顷，规模宏大，气势不凡。

明祖陵石刻雕刻艺术高超，造型优美。其中的石麒麟，雄伟健壮，栩栩如生，比明代其他诸陵前的麒麟更为生动。石刻的文臣武将均高 3 米有余。其中文官头戴乌纱，身穿蟒袍，腰扎玉带，脚蹬朝靴，胡须垂胸。双手捧奏章于胸前，低眉顺眼，脸上一副肃穆恭敬的表情。武将则顶盔贯甲，挂剑而立，显得挺拔威严。这些石刻是明代早期陵墓石刻的典型代表，雕刻细致，线条流畅，具有十分重要的历史艺术价值和欣赏价值。

明祖陵虽崇丽无比，遗憾的是它不处在高山大阜之侧，而是在有"九岗十八洼"之称的丘岗之地。清康熙十九年（1680），明祖陵和泗州城终

∧ 明祖陵

于被滔滔洪水吞没。二十世纪七八十年代，为保护明祖陵，筑堤3000米，把陵墓从湖水中隔出，沉没湖中300多年的文物瑰宝重见天日，成为一处游览胜地。

四、东南第一山

"东南第一山"古称"南山"，在今盱眙县淮河南岸。山坡上存有大量古迹，东壁原刻有米芾手迹"第一山"，明末毁于兵灾。后来知县郭氏从福建拓回米芾手迹重刻石碑。山坡上还有苏轼、杨万里及元、明、清文人手迹石碑共172块，现存107块，正、草、隶、篆无一不精湛，堪称艺术珍品，为省级文物保护单位。"第一山"字旁有魁星亭，原亭相传为宋代所建，亭下有玻璃泉，因泉水清澈而得名。

第七节　盐城：湿地之都，鹤鹿故乡

　　盐城是江苏省辖市中面积最大的一个市，物产丰饶，风景如画，民风淳朴，民俗文化源远流长、丰富多彩，原始生态环境保存较好，被人们誉为"金滩银荡"、"鱼米之乡"、"湿地之都"。盐城西部地处里下河地区腹地，地势低平，河流纵横，湖泊众多，绵延数百公里的滩涂湿地拥有丹顶鹤和麋鹿两个国家级自然保护区和一个在建的中华鲟自然保护区。这里海天相接，草木茂盛，鹤舞鹿鸣，一派原始生态风光。

一、中华麋鹿园

　　中华麋鹿园全称为"大丰国家级麋鹿自然保护区"，位于江苏中部黄海之滨的湿地滩涂，总面积7.8万公顷。这里港叉纵横，盐蒿遍野，芦苇遮天，

中华麋鹿园 >

是太平洋西岸保护最完好的半原始湿地。

　　大丰国家级麋鹿自然保护区目前拥有世界上最大的麋鹿种群和唯一的野生麋鹿种群（1600头，约占世界野生麋鹿的1/3），在世界野生动物保护界享有盛誉。这里有高耸的望鹿塔、珍稀的生物大观园、别致的太公亭、繁华的百鸟园、舒适的迎宾楼，与奇花异草、百鸟群兽组合而成的自然风光浑然一体，形成壮观大气的海滨旅游景观，被国家环保部等联合确定为中国生态旅游15个精选项目之一。

二、施耐庵纪念馆

　　施耐庵纪念馆坐落于大丰市白驹镇，是为纪念古典文学巨匠、《水浒传》作者施耐庵的人文纪念设施。纪念馆建筑风格独特，三进两厢式，

施耐庵纪念馆 >

古朴典雅。院内，花木丛植，曲径通幽，施耐庵高大的汉白玉像矗立于此。院外，树木参天，绿荫蔽地，四周的河面芦苇茂密，船帆点点，颇具水泊意境。

施耐庵纪念馆馆藏丰富，史料详实，成为人们开展《水浒传》研究、施耐庵研究的重要基地和观光旅游的胜地。现藏《水浒传》版本100余种、名人的题词、字画1400余件，被评为国家二级文物的《施氏家谱》亦珍藏于此。纪念馆吸引着国内外众多从事《水浒传》研究的学者。

第六章

名家辈出　各领风骚

　　江苏历史上名人辈出，灿若繁星。政治家、军事家有孙武、伍子胥、刘邦、项羽、韩信等，科学家有祖冲之、沈括、徐光启、徐霞客等，文学家有刘勰、李煜（南唐后主）、范仲淹、秦观、范成大、施耐庵、吴承恩、曹雪芹、吴敬梓、冯梦龙、刘鹗等，艺术家、书画家有顾恺之、张旭、米芾、唐寅、文徵明、祝允明和以郑板桥为代表的"扬州八怪"，还有思想家顾炎武等。《水浒传》、《西游记》、《红楼梦》、《儒林外史》等古典名著均出自江苏籍作者之手或与江苏有关。

∧〔明〕仇英《松溪论画图》

第一节　汉高祖刘邦

　　刘邦（前256～前195），字季（一说原名季），沛郡丰邑中阳里（今江苏丰县）人，汉朝开国皇帝，中国历史上杰出的政治家、战略家和军事家。秦朝时曾担任泗水亭长，起兵于沛（今江苏沛县），称"沛公"。秦亡后被封为"汉王"。后于楚汉战争中打败西楚霸王项羽，成为汉朝开国皇帝，庙号为"高祖"，史称"汉高祖"、"太祖高""皇帝"或"汉高帝"。

<汉高祖刘邦像

　　　　　　　　　　　　　　　　　　名家辈出　各领风骚

一、起兵反秦，立足关中

公元前209年，秦末农民起义爆发，刘邦在沛地领导民众举起了反秦大旗。此时，原来楚国贵族的后代项羽和叔父项梁在吴中（现在江苏苏州）起兵，兵力很快达到了近万人。在项梁死后，项羽决定和刘邦一起西进关中。开始时，刘邦也不太顺利，但经过几次战役，刘邦步步西进，大破秦兵。公元前207年12月，刘邦率大军到达了咸阳东边不远处的灞上（今陕西西安东），秦王子婴见大势已去，只得献城投降，将传国玉玺亲手交给了刘邦，秦朝至此灭亡。

刘邦到达灞上之后，便召集当地的名士，和他们约法三章："杀人者死，伤人及盗抵罪。"其他秦朝的苛刻法律一律废除，这使他得到了民众的支持。项羽也领兵直奔关中而来。范增劝他趁机除掉刘邦这个对手，项羽就下令准备，要在第二天进攻。这时的刘邦在兵力上无法和强大的项羽相抗衡，在杀机四伏的鸿门宴上，刘邦极为沉着与冷静，全身而退。鸿门宴之后，项羽便领兵西进，分封各路将军为王，刘邦被封为汉王，领地是巴、蜀和汉中共41县，国都为南郑（今陕西南郑）。

二、楚汉相争，建立汉朝

公元前206年，刘邦不甘心农民起义的胜利果实被项羽独占，率军东出，发动了长达四年的楚汉战争。战争前期，刘邦处于劣势，屡屡败北。但他知人善任，注意纳谏，能充分发挥部下的才能，又注意联合各地反对项羽的力量，终于反败为胜。公元前202年，刘邦约韩信、彭越等人率军进围楚军于垓下。项羽率残部突围，至乌江因无颜见江东父老而自刎。

公元前 202 年 2 月，刘邦在山东定陶汜水之阳举行登基大典，定国号为汉。6月，刘邦在洛阳的南宫开庆功宴，宴席上，他总结了自己取胜的原因："论运筹帷幄之中，决胜于千里之外，我不如张良；论抚慰百姓供应粮草，我又不如萧何；论领兵百万，决战沙场，百战百胜，我不如韩信。可是，我能做到知人善用，发挥他们的才干，这才是我们取胜的真正原因。至于项羽，他只有范增一个人可用，但又对他猜疑，这是他最后失败的原因。"

三、文治天下，开汉基业

统一中国建立汉朝之后，刘邦以文治理天下，征用儒生，诏令天下，广泛求贤。在政治上，刘邦继承秦朝的中央集权制和郡县制，同时废除了秦朝的严刑酷法，重用叔孙通整理朝纲。叔孙通制定了一套适合当时形势需要的政治礼仪制度，撰写了《汉仪十二篇》、《汉礼度》、《律令傍章十八篇》等仪法法令方面的专著，为汉朝的建立和巩固起了重要作用。在经济上，刘邦废除秦朝苛法，豁免徭役，减轻人民的负担，如减轻田租，释放奴婢，使百姓得以生息，民心得以凝聚，国家得以巩固。

刘邦采取的宽松无为的政策，不仅安抚了人民、凝聚了国家，也促成了汉代雍容大度的文化基础。可以说刘邦使四分五裂的中国真正的统一起来，而且还逐渐把分崩离析的民心凝集起来。他对汉民族的形成、中国的统一强大、汉文化的保护发扬有决定性的贡献。

第二节　西楚霸王项羽

项羽（前232～前202），名籍，字羽，中国古代杰出的军事家及著名政治人物，秦末起义军领袖。下相（今江苏宿迁）人。项羽的武勇古今无双（古人对其有"羽之神勇，千古无二"的评价），他是我国数千年历史上最为勇猛的武将。秦末随项梁发动会稽起义，在公元前207年的决定性战役巨鹿之战中大破秦军主力。秦亡后自立为西楚霸王，统治黄河及长江下游的梁、楚九郡。后在楚汉战争中为刘邦所败，在乌江（今安徽和县乌江镇）自刎而死。

< 项羽像

一、少年英雄，力能扛鼎

楚国灭亡之后，楚国贵族后裔项羽随叔父项梁流亡到吴县（今江苏苏州）。项梁曾教他读书，项羽学了没多久便厌倦了。项梁又教他武艺，没多久又不学了。项梁大怒，项羽却："读书能够用来记姓名就行了，学武不过能敌得过一人，要学便学万人敌！"于是项梁便教授他兵法。但其学了一段时间后又不愿意学了，项梁只好顺着他，不再管他。

项羽力能扛鼎，气压万夫，年轻时志向便极为远大。一次秦始皇出巡在渡浙江（今钱塘江）时，项羽见其车马仪仗威风凛凛，便对项梁说："我可以取代他。"公元前 209 年，陈胜、吴广在大泽乡振臂一呼，揭竿而起，发动了大泽乡起义，项羽随叔父项梁在吴中刺杀太守殷通，举兵响应，此役项羽独自斩杀殷通的卫兵近百人，第一次展现了他无双的武艺。24 岁的项羽，就这样带领八千吴中男儿反秦起义军，登上了历史舞台。

二、巨鹿之战，入主关中

项梁后来在定陶之战中被秦将章邯杀死，章邯其后率军攻赵国，大败赵军。公元前 207 年，楚怀王任命宋义为上将军，项羽为次将军率兵救赵。宋义率军到达安阳后停止前进，在当地停留了 46 天。项羽建议进兵，但宋义不接纳，项羽便杀了宋义，取而代之，率军进兵巨鹿。他命令部下在渡河后砸碎铁锅、凿沉船只，不得胜就没退路，后世称之为"破釜沉舟"，意谓决一死战。最后项羽九战九胜，大破秦军 40 万，成为了为各路诸侯军队的统帅。

项羽继续向关中进军，但刘邦已经抢先了一步占领秦都咸阳，谋士范增游说项羽铲除刘邦。项羽在鸿门宴请刘邦，但席间没有杀他，刘邦平安地离去，后世称此宴为"鸿门宴"。公元前206年，项羽进入咸阳后，杀秦降王子婴，焚烧秦宫，大火烧了三个月，他经过的地方"无不残破"，关中人民对他大为失望。后来自立为西楚霸王，建都彭城，以霸主的身份将全国分成18个王国，分封给诸侯、部将和降将。

三、楚汉相争，乌江自刎

公元前206年，汉王刘邦出兵占领关中，拉开了楚汉相争的大幕。次年，汉军趁此机会联合五国诸侯军队共56万人攻楚，占领彭城，项羽闻讯自齐地率三万精兵回救，在彭城大败汉军。汉军坚守荥阳，令楚军无法再向西前进。公元前204年，荥阳危急，汉将纪信扮成刘邦出城投降，刘邦趁机西逃，项羽知道中计后大怒，烧死纪信，楚军不久攻占荥阳。

项羽百战百胜，所向披靡，但这些仅是战术上的胜利。在战略上，刘邦采纳袁公的建议，采取正确的战略，用自己吸引楚兵主力，派出将领不断地骚扰楚军后方，实行了"疲楚"之计，故项羽虽百战百胜，但是却越打越艰难，形势越来不利。公元前203年，楚汉议和，平分天下，以鸿沟为界，西归汉，东归楚。项羽率军东归。后刘邦接受张良、陈平建议，背约出兵攻楚。同时以加封土地为报酬，终于说动了韩信、彭越二人，他们尽数挥军南下，同时命令刘贾率军联合英布自淮地北上，五路大军共同发动对项羽的最后合围。垓下之战随之开始。

虽然各路大军将楚军重重包围，但汉军一时也难以彻底打败楚军。为了尽快取胜，张良用计，让汉军夜夜高唱楚歌，瓦解楚兵斗志。项羽夜闻四面皆楚歌，以为楚地已尽为汉军所得，眼见大势已去，便乘夜率领800名精锐骑兵突围南逃，最后项羽突至东城（今安徽定远东南），手下仅剩

鸿沟：楚河汉界 >

28骑。但项羽英勇无敌，依旧将汉军骑兵杀得人仰马翻，再次杀开一条血路，向南疾走，至乌江边，自觉无颜见江东父老，便令从骑皆下马，以短兵器与汉兵搏杀，项羽一人杀汉军数百人，自己身亦被十余创，最后自刎而死。一代西楚霸王，也在此结束了他辉煌壮烈的一生！

知识小百科

霸王别姬

垓下之战中，汉军围困楚军数重，到了晚上，闻汉军四面大营皆有楚歌声，项羽大惊："难道汉军已占了楚地么？为何楚人这么多呢？"满怀愁绪之下，他起身在帐中饮酒。项羽有位很宠爱的妃子，叫虞姬，侍奉左右；有一匹骏马，名字叫乌骓，经常骑乘。酒过三巡，项羽感慨良多，作歌唱道："力拔山兮气盖世，时不利兮骓不逝。骓不逝兮可奈何，虞兮虞兮奈若何！"歌唱了数阕，虞姬和道："汉兵已略地，四面楚歌声。大王意气尽，贱妾何聊生！"歌罢，虞姬凄然自刎，这就是历史上的"霸王别姬"。

名家辈出　各领风骚

第三节 "虎头三绝"顾恺之

顾恺之（348～409），字长康，小字虎头，晋陵无锡（今江苏无锡）人。顾恺之博学有才气，工诗赋、书法，尤善绘画，精于人像、佛像、禽兽、山水等，时人称之为"三绝"——画绝、文绝和痴绝。著有《论画》、《魏晋胜流画赞》、《画云台山记》，阐述了"迁想妙得"、"以形写神"等论点，为中国传统绘画的发展奠定了基础。顾恺之画迹甚多，但作品真迹没有保存下来，只有若干流传已久的摹本。其中最精美的是《女史箴图》（唐代摹本，现藏英国伦敦大英博物馆）和《洛神赋图》（宋代摹本，现藏北京故宫博物院），都很能说明顾恺之的画风和艺术水平。

一、《女史箴图》

《女史箴图》摹本，艺术性较强，能体现顾恺之画风与《女史箴图》原貌，为大英博物馆收藏。

晋以前的中国画家就善于用细线勾勒人物，这种线条均匀而有节奏，像春蚕吐丝一般连绵缠绕，而顾恺之则将这一技法推向极致。《女史箴图》中的线条循环婉转，均匀优美。女史们穿着下摆宽大的衣裙，修长婀娜；每款衣裙配之以形态各异、颜色艳丽的飘带，飘飘欲仙，雍容华贵。在整个人物构图上，均以细线勾勒，只在头发、裙边或飘带等处绘染以浓色，微加点缀，不求华饰，整个画面典雅宁静又不失亮丽活泼，其卓越高妙的

我爱江苏

《女史箴图》摹本局部 >

知识小百科

命运波折的《女史箴图》

　　1900年在八国联军洗劫颐和园之际被英军大尉基勇松盗往英国，后藏于大英博物馆的《女史箴图》是唐代的摹本，注重人物神态的表现，用笔细劲联绵，色彩典丽秀润，神韵最接近顾恺之的原画，因而被后人奉为经典摹本。它曾被许多文人墨客收藏过，画面上我们可以看到项子京题记、唐弘文馆"弘文之印"，还有宋徽宗赵佶瘦金书《女史箴》词句11行。画本身及装裱部分压有宋、金、明、清内府藏印，及历代收藏者的私人鉴藏印。该摹本原有12段，因年代久远，现存《女史箴图》自"冯媛挡熊"至"女史司箴敢告庶姬"仅剩9段，绢本，设色，纵24.8厘米，横348.2厘米。为减少开卷，大英博物馆将《女史箴图》拦腰裁为两截，裱在板上悬挂。由于《女史箴图》更适合平放而非悬挂，已经出现了掉渣情况。另外，由于相关知识的欠缺，与大量其他的书画一样，《女史箴图》在重裱时由馆方以日式装裱取代，由此，明清时期文人留下的题跋都被残忍无情地裁剪下来，形成了历史断层。

名家辈出　各领风骚

绘画语言可谓无懈可击。

二、《洛神赋图》

　　《洛神赋图》根据曹植著名的《洛神赋》而作，这幅画现存四个摹本，分别藏于辽宁省博物馆、北京故宫博物院、美国弗利尔艺术博物馆等处。摹本保留着魏晋六朝的画风，在一定程度上保留了顾恺之艺术的若干特点。全卷分为三个部分，曲折细致而又层次分明地描绘着曹植与洛神真挚纯洁的爱情故事。人物安排疏密得宜，在不同的时空中自然地交替、重叠、交换，而在山川景物描绘上，无不展现一种空间美。

　　《洛神赋图》画出洛神凌波微步的美丽身姿，表露她"若往若还"的矛盾心态，画有各种奇异神兽，展现出强烈的神话气氛和浪漫主义色彩。《洛神赋》以浪漫主义手法，描写曹植与洛水女神之间的爱情故事。顾恺之的

<《洛神赋图（局部）》

《洛神赋图》发挥了高度的艺术想象力，富有诗意地表达了原作的意境。原赋中对洛神的描写，如"翩若惊鸿，婉若游龙"、"仿佛兮若轻云之蔽月"、"皎若太阳升朝霞"等，以及对人物关系的描写，在画中都有生动入神的体现。此画用色凝重古朴，用笔细劲古朴，具有工笔重彩画的特色。作为衬托的山水树石均用线勾勒，而无皴擦，与画史所记载的"人大于山，水不容泛"的时代风格相吻合，体现了早期山水画的特点。

　　《洛神赋图》无论从内容、艺术结构、人物造型、环境描绘和笔墨表现的形式来看，都不愧为中国古典绘画中的瑰宝之一。它的情节完整、手法多变和形式隽永等特点，又为以前的作品所不及，因此在历史上有着非常深远的影响。

第四节　"草圣"张旭

　　张旭（675～约750），字伯高，一字季明，唐朝吴（今江苏苏州）人，善草书，性好酒，世称"张颠"。张旭的草书与同时期李白的诗歌、裴旻的剑舞并称"三绝"，与贺知章、张若虚、包融号称"吴中四士"。其传世书迹有《肚痛帖》、《古诗四帖》等。

一、草圣张颠

　　张旭的书法，始化于张芝、"二王"（王羲之、王献之父子）一路，以草书成就最高，史称"草圣"。他自己以继承"二王"传统为自豪，字

"颠张醉素"

　　"张"是指唐朝书法家张旭，"素"是指唐朝书法家怀素。张旭为人洒脱不羁，性格豪放，嗜好饮酒，常在大醉后手舞足蹈，呼叫狂走，然后回到桌前，提笔落墨，一挥而就，甚至以头发蘸墨书写，故又有"张颠"的雅称。怀素继承和发展了张旭的笔法，也以草书得名。张旭的书法激情勃发，甚至达到狂颠的程度；怀素的书法圆转飞动，具有空灵剔透的气韵。后来人们将两位书法家并称"颠张醉素"。

字有法。另一方面又效法张芝草书的艺术手法，创造出潇洒磊落、变幻莫测的狂草来。相传他在河南邺县时爱看公孙大娘舞剑，并因此而得草书之神。他创造了狂草向自由表现方向发展的一个极限。

　　张旭是一位纯粹的艺术家，他把满腔情感倾注在点画之间，旁若无人，如醉如痴，如癫如狂。这是一位真正的艺术家对艺术执着的真实写照。难怪后人论及唐人书法，对欧、虞、褚、颜、柳、素等均有褒贬，唯对张旭无不赞叹不已，这是艺术史上绝无仅有的。

二、《肚痛帖》

　　《肚痛帖》是唐代书法家张旭的代表作，高 41 厘米，宽 34 厘米。全帖 6 行 30 字，似是张旭肚痛时自诊的一纸医案："忽肚痛不可堪，不知是冷热所致，欲服大黄汤，冷热俱有益。如何为计，非临床。"这幅作品开头的三个字，写得还比较规整，字与字之间不相连接。从第四字开始，便每行一笔到底，上下映带，缠绵相连，越写越快，越写越狂，越写越奇，

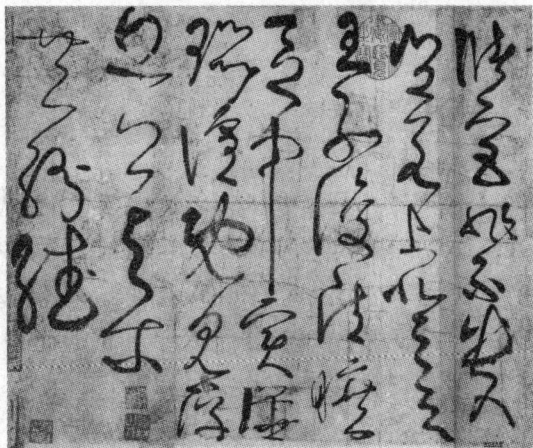

《肚痛帖》

意象迭出，粗与细、轻与重、虚与实、断与连、疏与密、开与合、狂与正
达到了完美的结合，将草书的情境表现发挥到了极致。

《肚痛帖》是狂放大胆书风的代表，字如飞瀑奔泻，时而浓墨粗笔，
沉稳遒劲，时而细笔如丝，连绵直下，气势连贯，展现出作者天马行空的
胸襟与气质，以及喷薄而发的艺术冲动。

第五节　吴门四家

　　自元朝以后，苏州一带成为文人荟萃之地。许多著名画家云集苏州，
史料记载，当时苏州有 150 余人，占明代画家总数的五分之一。他们形成
一个强大的画派，因为苏州史称"吴门"，所以这个作为有共同地区特征
的画家群就被称为"吴门画派"。吴门画派的领袖沈周，同文徵明、唐寅、
仇英，合称"吴门四家"。

　　　　　　　　　　　　　　　　　　　　　　　名家辈出　各领风骚

一、沈周

沈周（1427～1509），字启南，明代杰出书画家，长洲（今江苏苏州）人，不应科举，专事诗文书画，是明代中期文人画"吴派"的开创者。

沈周一生家居读书，吟诗作画，优游林泉。他学识渊博，富于收藏，交游甚广，极受众望，平时平和近人，要书求画者络绎不绝，他从不拒绝。甚至有人作他的赝品，求为题款，他也欣然应允。因此，沈周的书画流传很广，但真伪混杂，较难分辨。

沈周在元明以来文人画领域有承前启后的作用。他博取众长，出入于宋元各家，主要继承董源、巨然以及黄公望、王蒙、吴镇的水墨浅绛体系。又参以南宋李唐、刘松年、马远、夏圭劲健的笔墨，融会贯通，刚柔并用，形成粗笔水墨的新风格，自成一家。

沈周早年多作小幅，40岁以后始拓大幅，中年画法严谨，用笔劲练，以骨力胜，晚岁笔墨粗简，画法豪放，以气势胜。沈周融南入北，弘扬了文人画的传统，发展了文人水墨写意山水画、花鸟画的表现技法，成为吴门画派的领袖。沈周所作山水画，有的是描写高山大川，表现传统山水画的高远、深远和平远的"三远"之景。而大多数作品则是描写南方山水及园林景物，表现了当时文人生活的闲适意趣。沈周的传世作品有《庐山高图》、《秋林话旧图》、《沧州趣图》等。

二、文徵明

文徵明（1470～1559），原名壁，字徵明，明代画家、书法家、文学家，长洲（今江苏苏州）人。他在科举道路上历经坎坷，从26岁到53岁，十

∧ 文徵明《惠山茶会图》

< 沈周《庐山高图》

名家辈出　各领风骚

次应举均落第，直至54岁才受工部尚书李充嗣的推荐以贡生进京，经过吏部考核，被授职低俸微的翰林院待诏。此时文徵明的书画已负盛名，由此受到翰林院同僚的嫉妒和排挤，此后四年中，又目睹官场腐败，他便萌生退意，57岁辞官回苏州定居，从此潜心诗文书画，不再求仕进。

文徵明的艺术造诣极为全面，其诗、文、书、画无一不精，人称"四绝"。他虽学继沈周，但仍具有自己的风格。文徵明传世画作有《湘君夫人图》、《石湖草堂》、《虎丘图》、《惠山茶会图》、《春到寒林图》、《吴山秋霁》等。

文徵明的绘画兼善山水、兰竹、人物、花卉诸科，尤精山水。早年师事沈周，后致力于赵孟頫、王蒙、吴镇三家，自成一格。画风呈粗细两种面貌。粗笔源自沈周、吴镇，兼取赵孟頫古木竹石法，笔墨苍劲淋漓，又带干笔皴擦和书法飞白，于粗简中见层次和韵味；细笔取法赵孟頫、王蒙，布景繁密，较少空间纵深，造型规整，时见棱角和变形，用笔细密，稍带生涩，于精熟中见稚拙。设色多青绿重彩，间施浅绛，于鲜丽中见清雅。这路细笔山水属本色画，具有装饰性、抒情味、稚拙感等特征，也奠定了"吴门画派"的基本特色。

三、唐寅

唐寅（1470～1523），字伯虎，号"六如居士"、"桃花庵主"等，据传于明宪宗成化六年庚寅年寅月寅日寅时生，故名唐寅，吴县（今江苏苏州）人。唐寅出身商人家庭，自幼聪明伶俐，但20余岁时家中连遭不幸，父母、妻子、妹妹相继去世，家境衰败。他29岁参加应天府公试，得中第一名"解元"。30岁赴京会试，却受考场舞弊案牵连，被斥为民。此后遂绝意进取，以卖画为生。1514年，曾应宁王朱宸濠之请赴南昌半年余，后察觉宁王图谋不轨，遂装疯得以脱身而归。晚年生活困顿，54岁即病逝。

唐寅早期绘画"远攻李唐"，"近交沈周"。早期拜吴门画派创始人沈周为师，兼其所长，在南宋风格中融元人笔法，画技突飞猛进，名声大振。唐寅足迹遍布名川大山，胸中装满千山万壑，这使其画具有吴派画家所无的雄浑之气，并化浑厚为潇洒。其画面布局严谨整饬，造型真实生动，山势雄峻，石质坚峭，皴法斧劈，笔法劲健，墨色淋漓。代表作品有《行春桥图》、《关山行旅图》、《山路松声图》、《春山伴侣图》、《落霞孤鹜图》、《西洲话旧图》等。唐寅还擅长写意花鸟，墨韵明净，活泼洒脱，生趣盎然而又富于真实感。代表作是《枯槎鸲鹆图》，其构图用折枝法，枯木枝干由右下方弯曲多姿地向上伸展，以枯笔浓墨画之，苍老挺拔，以积墨法画一只栖于枝头的八哥，正引吭高鸣，树枝似乎都在应节微动，从而显现出自然界生命律动的和谐美。这幅画也可见唐寅在探讨写意技法和开拓花鸟画新境界方面的卓越建树。

唐寅的人物画，大体上分为两种。一种是线条劲细，敷色妍丽，气象高华，出自南宋院体画。如《孟蜀宫妓图》，以传统的工笔重彩的手法，运用"三白法"绘仕女的面部，突出了宫女的浓施艳抹。衣纹用细劲流畅的铁线描，服饰施以浓艳的色彩，显得绮罗绚烂，不愧为唐寅仕女画的优秀之作。另一种是从南宋的院体脱胎而出，笔墨流动爽利，转笔方劲，线条抑扬起伏。代表作品有《秋风纨扇图》以及《李端端图》等，画风由工丽变为简逸高雅，写实功力较强，形象准确而神韵独具。

四、仇英

仇英（1482～1559），字实父，号十洲，江苏太仓人，后移居吴县（今江苏苏州）。他出身工匠，早年为漆工，兼为人彩绘栋宇，后苦学成功，成为人物画、山水画的一位能手，他拜周臣门下学画，并曾在著名收藏家项元汴家中见识了大量古代名作，临摹创作了大量精品。他的创作态度十

名家辈出　各领风骚

< 唐寅《孟蜀宫妓图》

仇英《汉宫春晓图》（局部）>

分认真，一丝不苟，每幅画都是严谨周密、刻画入微，代表作品有《竹林品古》、《汉宫春晓图》、《供职图》等。

仇英擅人物画，既工设色，又善水墨、白描，能运用多种笔法表现不同对象，或圆转流美，或劲丽艳爽。他重视对历史题材的刻画和描绘，吸收南宋马和之及元人技法，笔力刚健，形象精确，工细雅秀，色彩鲜艳，含蓄蕴藉，色调淡雅清丽，成为明代仕女画的典范。

仇英的山水画多学赵伯驹、刘松年，发展南宋李唐、刘松年、马远、夏圭的院体画传统，综合前代各家之长，既保持工整精艳的古典传统，又融入了文雅清新的趣味，形成工而不板、妍而不甜的新典范。

第六节　徐霞客

徐霞客（1587～1641），名弘祖，字振之，号霞客，明南直隶江阴（今江苏江阴）人，我国著名的地理学家、旅行家和探险家。

名家辈出　各领风骚

徐霞客像

一、游历生活

从 22 岁起，徐霞客开始了游历考察生涯。30 多年间，他先后四次进行了长距离的跋涉，足迹遍及相当于现在的江苏、浙江、山东、河北、山西、陕西、河南、安徽、江西、福建、广东、湖南、湖北、广西、贵州、云南和北京、天津、上海等 19 个省、市、自治区。徐霞客的考察探险活动持续进行到 55 岁的时候。当时，他正在云南，不幸身患重病，被人送回江阴老家，第二年就去世了。

徐霞客在游历考察过程中，曾经三次遭遇强盗，四次绝粮，还有无数常人难以想象的艰辛，但为可贵的是，徐霞客在野外考察生活中，每天不管多么劳累，都要坚持写游历日记，把当天的经历和观察记录下来。他一生先后写了有天台山、雁荡山、黄山、庐山等名山游记 17 篇和《浙游日记》、《江右游日记》、《楚游日记》、《粤西游日记》、《黔游日记》、《滇游日记》等游记，为后人留下了珍贵的地理考察记录。可惜的是，日记大部分已经散佚，现存的《徐霞客游记》仅是其中的一小部分。

我爱江苏

二、《徐霞客游记》

《徐霞客游记》系后人根据徐霞客的游历日记整理而成，是一部以日记体为主的地理名著。世传本有 10 卷、12 卷、20 卷等数种。主要按日记述作者 1613 ~ 1639 年间旅行观察所得，对地理、水文、地质、植物等现象均做了详细记录。例如，首次介绍喀斯特地貌的类型分布和各地区间的差异，并分析一些岩洞的成因是水的侵蚀造成，钟乳石是含钙质的水滴蒸发后逐渐凝聚而成的；纠正了文献记载的关于中国水道源流的一些错误，否定自《尚书·禹贡》以来流行 1000 多年的"岷山导江"旧说，肯定金沙江是长江上源；观察、记述了很多植物的生态品种，明确提出了地形、气温、风速对植物分布和开花早晚的各种影响；最早记载并分析了我国的地热现象；此外，对所到之处的人文地理情况，包括各地的经济、交通、城镇聚落、少数民族和风土文物等，多为正史稗官所不载，具有一定历史学、民族学价值，也做了不少精彩的记述。《徐霞客游记》被后人誉为"世间真文字、大文字、奇文字"。

第七节　郑燮

郑燮（1693 ~ 1765），字克柔，号板桥，江苏兴化人。清代著名书画家、文学家，"扬州八怪"之一。诗、书、画均旷世独立，人称"三绝"。曾任山东范县知县、潍县知县。

名家辈出　各领风骚

一、清廉为官，急民疾苦

郑燮幼年家贫，丧母，靠后母抚养，并随其父学画，早年便在扬州以卖画为生，经常过着困窘的生活。后应科举而为康熙秀才、雍正举人、乾隆进士。他书画上常用的印章印文为"康熙秀才，雍正举人，乾隆进士"，即指此事。49 岁起先后出任山东范县、潍县的知县，官职七品，历时 12 年。在任期间，他鞭笞奸吏，勤政于民，被百姓尊称为亲民之官。

他对百姓关怀备至，有一年山东遭受严重自然灾荒，出现了"人相食"的惨痛景象。郑燮采取应急措施，来不及申报上司批准，便动用官仓粮食借贷给饥民，秋后灾情仍重，他又焚烧了所有贷券，采取以工代赈办法，修城凿池，招徕远近灾民赴工就食；责令邑中大户设场煮粥，积粟之家平粜囤粮，使饥民得以度过灾荒。但这些措施触犯了豪绅富户和腐朽官吏的利益，郑燮被诬罢职。"衙斋卧听萧萧竹，疑是民间疾苦声。些小吾曹州县吏，一枝一叶总关情。"这首名为《潍县署中画竹呈年伯包大丞括》的题画小诗，表达了郑燮关心百姓的真挚情感。

在他离职时，只有三头毛驴，一是他自己乘坐，二是驮他的书籍、阮琴，另一是他仆人乘坐。百姓想尽办法挽留，甚至为其立生祠。离职后，他愤然绝意宦途，重返扬州，以卖画为生。

二、位列八怪，诗书画绝

郑燮做官前后，均居扬州，以书画营生，是"扬州八怪"中成就最高的一位画家。他擅画兰、竹、石、松、菊等，而画兰竹 50 余年，成就最为突出。他取法徐渭、石涛、八大山人，而自成家法，体貌疏朗，风格劲峭。他主张"意在笔先"，用墨干淡并兼，笔法疲劲挺拔，布局疏密相间，以少胜多，具有"清癯雅脱"的意趣，进一步发展了文人画的特点。他还工书法，用汉八分杂入楷、行、草，自称"六分半书"。并将书法用笔融于绘画之中。主张继承传统要不泥古法，重视艺术的独创性和风格的多样化。

纵观郑燮笔下所画的兰、竹、石，"有兰有竹有石，有节有香有骨"，那种高风亮节、坚贞正直、高雅豪迈等气韵，蕴藏着坚贞不屈、高尚无私、刚直不阿、气宇轩昂的品质，给人以深刻的感受，让人看了以后回味无穷、思绪万千……

< 郑燮《石竹图》

知识小百科

"扬州八怪"

　　"扬州八怪"是清代中期活动于扬州地区一批风格相近的书画家总称，或称"扬州画派"。"扬州八怪"之说，由来已久。但8人的名字，其说互有出入。因清末李玉棻《瓯钵罗室书画过目考》是记载"八怪"较早而又最全的，所以一般人还是以李玉棻所提出的八人为准：汪士慎、郑燮、高翔、金农、李鱓、黄慎、李方膺、罗聘。他们不愿走别人已开创的道路，而是要另辟蹊径，以不落窠臼的技法、挥洒自如的笔锋、特立高标的品行而成为中国画史上的杰出群体。

图片授权

全景网

壹图网

林静文化摄影部

敬　启

本书图片的编选，参阅了一些网站和公共图库。由于联系上的困难，我们与部分入选图片的作者未能取得联系，谨致深深的歉意。敬请图片原作者见到本书后，及时与我们联系，以便我们按国家有关规定支付稿酬并赠送样书。

联系邮箱：932389463@QQ.com